MW01615402

TENOCHTITLAN EN UNA ISLA

IGNACIO BERNAL

Tenochtitlan en una isla

Secretaría de Educación Pública
CULTURA SEP

Primera edición (SepSetentas),   1974
Segunda edición (Lecturas Mexicanas),   1984
    Primera reimpresión,   1992

D. R. © 1984, Fondo de Cultura Económica
D. R. © 1992, Fondo de Cultura Económica, S. A. de C. V.
Av. de la Universidad, 975; 03100 México, D. F.

ISBN 968-16-1807-6

Impreso en México

ADVERTENCIA

Este librito sólo pretende apuntar la historia que hizo que Tenochtitlan fuera lo que fue, sugiriendo los sucesos y algo de la mentalidad que los provocó. Las numerosas citas, especialmente de autores indígenas, tratan de esbozar las ideas —tan difíciles de captar para nosotros— alrededor de las cuales se desarrolló la vieja civilización mexicana. Son la clave de muchos de sus eventos. Las anécdotas podrán parecer frívolas pero, independientemente de que son divertidas, ayudan a reconstruir ese cuadro espiritual; por eso he incluido muchas. Al igual que el texto, las ilustraciones sólo pretenden ser evocaciones y están colocadas de acuerdo con los temas que se van tratando sin interrumpir la lectura con referencias a cada una de ellas. Algunas tienen el mérito de ser inéditas o poco conocidas, aunque otras bien trilladas son inevitables. Tampoco he puesto notas ni bibliografía.

Mi relato pudiera ser muy distinto ya que casi a cada hecho arqueológico o histórico se le pueden dar otras interpretaciones, tal vez igualmente válidas. Entre esta edición y la primera el lector notará numerosos cambios. En casi quince años han avanzado mucho los conocimientos sobre la materia. Nuevas exploraciones y nuevos estudios sobre diferentes aspectos del tema, me han obligado a variar mi opinión y por lo tanto a variar lo que quiero decir en un libro de esta índole. Repito que es un volumen impresionístico que busca más dejar una huella espiritual que describir en detalle o profundidad la antigua civilización cuyo legado imborrable marca al México de hoy.

No sólo he aprovechado los textos de los viejos autores, sino también los trabajos de nuestros contemporáneos, especialmente los de Wigberto Jiménez Moreno, siempre tan generoso, que perdonará el mal uso que frecuentemente hago de sus excelentes ideas. Él y Sofía, mi esposa, han sido mis principales víctimas; justo es que a ambos quede dedicado.

PRÓLOGO

SÚBITAMENTE terminó la subida. Iniciada en el mar, los había llevado hasta el abra entre los volcanes. Parados en la nieve, los hombres de acero y los heráldicos caballos tenían a sus pies el sensacional espectáculo. Allá lejos, muy abajo, se extendía el valle anchuroso: al centro, los lagos de plata; sobre las islas y en las riberas, las ciudades levantaban los altos techos de sus templos erigidos sobre macizas pirámides; bosques y sementeras, lilas y amarillas, alegraban la llanura en esos días mágicos del otoño mexicano. Era el valle de Tenochtitlan, el México de hoy, tras cuya promesa se habían internado en el Anáhuac Cortés y sus soldados. Por primera vez en la historia, un hombre de Occidente contemplaba el admirable paisaje diluido en el aire de la tarde. Brillaron los ojos del jefe ante la presa ofrecida en la llanura.

"Y desde que vimos tantas ciudades y villas pobladas en el agua, y en tierra firme otras grandes poblazones, y aquella calzada tan derecha y por nivel como iba a México, nos quedamos admirados y decíamos que parecía a las cosas de encantamiento que cuentan en el libro de Amadís, por las grandes torres y cúes y edificios que tenían dentro en el agua, y todos de calicanto, y aun algunos de nuestros soldados decían que si aquello que veían, si era entre sueños, y no es de maravillar que yo escriba aquí de esta manera, porque hay mucho de ponderar en ello que no sé cómo lo cuente: ver cosas nunca oídas, ni aun soñadas como veíamos."

Prosigue el soldado-cronista: "Luego otro día de mañana... íbamos por nuestra calzada adelante, la cual es ancha de ocho pasos, y va tan derecha a la ciudad de México, que me parece que no se torcía ni poco ni mucho, y puesto que es bien ancha, toda iba llena de aquellas gentes que no cabían, unos que entraban en México y otros que salían y los indios que nos venían a ver, que no nos podíamos rodear de tantos como vinieron, porque estaban llenas las torres y cúes y en las canoas y en todas partes de la laguna, y no era cosa de maravillar, porque jamás habían visto caballos ni hombres como nosotros. Y de que vimos cosas tan admirables, no sabíamos qué decir, o si era verdad lo que por delante parecía, que por una parte en tierra había grandes ciudades, y en la laguna otras muchas, y veíamoslo todo lleno de canoas, y en la calzada muchas puentes de trecho a trecho, y por delante estaba la gran ciudad de México."

Pocos días después, Moctezuma, el tlacatecuhtli, recibió a los españoles en aquella histórica ceremonia toda penachos y regalos y los instaló en el palacio de su padre. Tras una pausa, que la prudencia hacía necesaria y en la que creyó haber obtenido fácilmente el triunfo supremo, Cortés maravillado pidió subir al gran templo. Lo acompañó Moctezuma, deseoso de evitar cualquier profanación. Y llegados a lo más alto, el señor de México "le tomó por la mano y le dijo que mirase su gran ciudad y todas las más ciudades que había dentro en el agua, y otros muchos pueblos alrededor de la misma laguna, en tierra; y que si no había visto muy bien su gran plaza, que desde allí la podría

10

11

ver muy mejor, y así lo estuvimos mirando, porque desde aquel grande y maldito templo estaba tan alto que todo lo señoreaba muy bien; y desde allí vimos las tres calzadas que entran en México... Y veíamos el agua dulce que venía de Chapultepec, de que se proveía la ciudad, y en aquellas tres calzadas, las puentes que tenían hechas de trecho a trecho, por donde entraba y salía el agua de la laguna de una parte a otra; y veíamos en aquella gran laguna tanta multitud de canoas, unas que venían con bastimentos y otras que volvían con cargas y mercaderías; y veíamos que cada casa de aquella gran ciudad, y de todas las más ciudades que estaban pobladas en el agua, de casa a casa no se pasaba sino por unas puentes levadizas que tenían hechas de madera, o en canoas; y veíamos en aquellas ciudades cúes y adoratorios a manera de torres y fortalezas, y todas blanqueando, que era cosa de admiración, y las casas de azoteas, y en las calzadas otras torrecillas y adoratorios que eran como fortalezas. Y después de bien mirado y considerado todo lo que habíamos visto, tornamos a ver la gran plaza y la multitud de gente que en ella había, unos comprando y otros vendiendo, que solamente el rumor y zumbido de las voces y palabras que allí había sonaba más que de una legua, y entre nosotros hubo soldados que habían estado en muchas partes del mundo, y en Constantinopla, y en toda Italia y Roma, y dijeron que plaza tan bien compasada y con tanto concierto y tamaño y llena de tanta gente no la habían visto."

El visitante de hoy, desde un rascacielos del Paseo de la Reforma, puede ver las montañas inmutables, el valle siempre espectacular, pero los lagos que desempeñaron un papel capital en la antigua historia han desaparecido y el humo de las chimeneas altera la diafanidad del aire; entre las casas de la moderna metrópoli en vano buscará los restos de algún templo indígena. Ya para fines del siglo XVI no quedaba en pie ningún monumento de la antigua Tenochtitlan; sólo con la imaginación y las escasas exploraciones arqueológicas podemos reconstruir el espectáculo que nos ha descrito Bernal Díaz del Castillo en su espléndida prosa.

¿Cómo y por qué llegó Tenochtitlan a ser lo que fue? Para entenderlo necesitamos retroceder muchos siglos y estudiar lo poco que conocemos del pasado de este valle y de sus lagos. Recordemos que los aztecas sólo representan la fachada de la historia antigua de México. Brillante fachada, guerrera y religiosa, cruel y mística, detrás de la cual, como en Egipto, se esconde un largo pasado que la explica. Un pasado milenario, ya olvidado cuando España abrió a Europa las puertas de América, un pasado en el que se sucedieron numerosos pueblos y culturas, que perecieron víctimas de sus propias locuras y destrozados por los eternos bárbaros.

La historia que vamos a relatar se desarrolla en un cuadro de fantástica belleza. El inmenso valle a 2 200 metros de altitud, rodeado de montañas, algunas de las cuales llegan a 5 mil metros, está colocado en el centro; otros cuatro valles lo rodean: los de Puebla y Toluca al este y oeste, la Teotlalpan y las llanuras de Morelos al norte y al sur. Los volcanes se han extinguido poco a poco, algunos en la era histórica. Sólo el gran Popocatépetl, que como abuelo bonachón ve sin inmutarse el hormiguero humano, indolente, fuma su

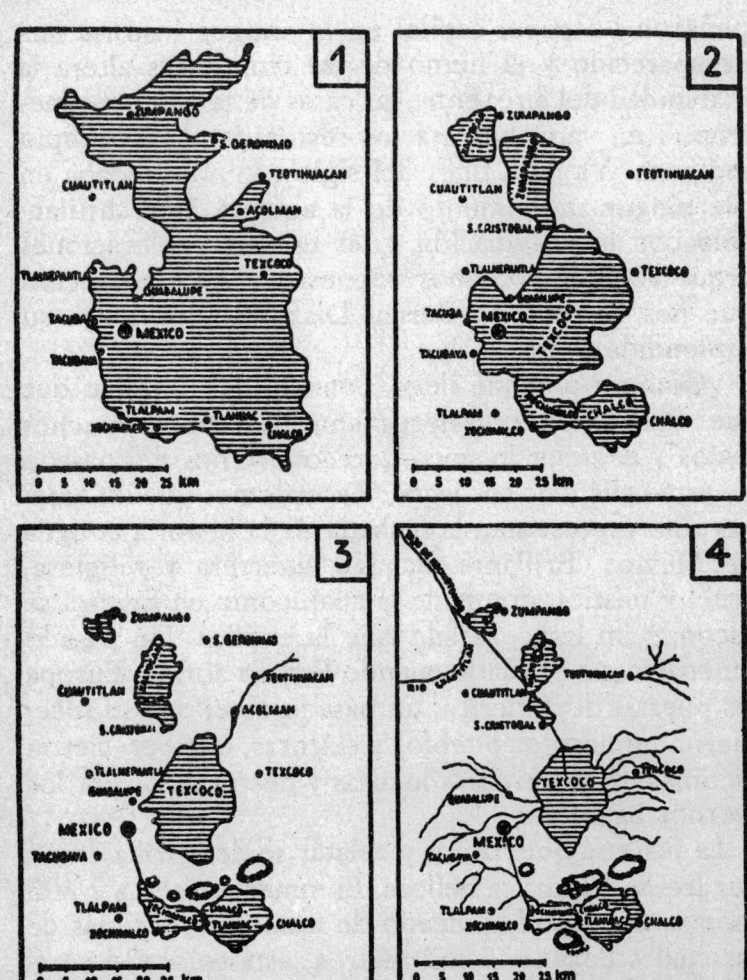

pipa que de vez en cuando lanza bocanadas de humo sin asustar a nadie.

En la época indígena, las montañas estaban cubiertas de bosques que se extendían también por gran

14

parte de la llanura; lo demás desaparecía bajo las aguas de las lagunas que, aunque unidas entre sí, conservaban su identidad. Había la de Xochimilco, de agua dulce, la de Texcoco, salobre, y las demás...

Estos lagos, al igual que produjeron una gran civilización, la hundieron después y siguen causando actualmente el hundimiento, en su mismo lodo, de la ciudad moderna. Estos maravillosos lagos, a orillas de los cuales apareció el primer hombre de la América Media, estos lagos que formaron el agua y la tierra en donde floreció todo un mundo antiguo gracias a sus fértiles e irrigadas riberas, estos lagos entre cuyas islas una sería famosa con el tiempo –Tenochtitlan–, estos lagos son los creadores y destructores de los pueblos que produjeron. Generosos, todo han dado al hombre para quitárselo después bajo el lodazal. Ahora se encuentran secos y toman venganza de la ciudad que los ha destruido, haciendo de ella un barco que se hunde lentamente.

Es pues, en sus riberas, en donde va a desarrollarse la larga historia de la cual acabamos de leer el último capítulo. Trataremos de explicar en este libro a través de qué peripecias el hombre del Altiplano Central de México llegó de los más humildes principios a la pompa azteca.

I. LOS ORÍGENES

SÓLO recientemente ha comenzado la arqueología a
sondear el misterio. Algunos grupos humanos, algunas ruinas, algunos estilos de arte, únicos testigos de
pueblos desaparecidos, surgen del olvido. Las excavaciones han hecho retroceder los principios de la historia americana más allá de lo que anteriormente se
creía. Así, en el valle de México podemos ya mencionar fechas que se remontan a muchos milenios antes
de Cristo.

En esta época las riberas y los pantanos de los lagos
estaban cubiertos de vegetación. Situación ideal que
favorecería el desarrollo de una fauna variada, al proveer una alimentación de primera clase a los inmensos
paquidermos, mamutes, mastodontes o "antiguos"
elefantes que rondaban en los alrededores. El bi-
sonte, el caballo americano, el oso, el camello y varios
otros animales habitaban la región. Eran reyes. El
hombre –que sepamos– no apareció sino en ese momento y con él empezaría el gran drama de la historia.

Fue al principio sencillo y primitivo. Pequeños grupos hambrientos de cazadores nómadas llegaban a
los valles. Allí –ignoramos tras qué peripecias– caza-
ban los grandes animales salvajes. Quemando la
hierba seca se esforzaban por empujar a los elefantes
hacia los pantanos en donde los mataban tan pronto
quedaban atrapados en los lodazales; los destazaban y

comían generalmente ahí mismo. Era para ellos un espléndido banquete que duraba varios días y durante los cuales se hartaban en previsión de futuras hambres. El hombre primitivo –como el refinado de ahora– no temía comer la carne macerada. Los rastros de estas cacerías nos dan los primeros indicios de la presencia humana en México.

Varios descubrimientos, a pocos kilómetros de la capital, nos permiten hacer esta afirmación. Uno de ellos hecho en Santa Isabel Iztapan, consiste en un esqueleto de elefante que seguramente fue muerto por los hombres: una punta de obsidiana estaba aún adherida a una costilla y varios implementos se encontraron desparramados entre los huesos. Estos objetos, que servían para matar o destazar al animal, son de una técnica comparable a la del paleolítico europeo. Aunque algunos hallazgos realizados desde el siglo XIX ya lo indicaban, en Iztapan tenemos por primera vez en México, la certidumbre de la contemporaneidad del hombre y los animales desaparecidos.

A poca distancia otro descubrimiento nos da, no el animal o los implementos sino el hombre mismo. Un hombre que pereció tal vez durante una cacería, matado por un elefante, o bien quedó sepultado en el lodo del pantano. Este "primer mexicano" que conocemos como el "Hombre de Tepexpan", medía 1.70 m de altura, era de aproximadamente 60 años, y tenía el cráneo mesocefálico y la sangre tal vez de tipo A. Pertenecía a la misma raza y era similar a los futuros habitantes de la región. Este lejano antepasado llevó, con sus compañeros, sus mujeres y sus hijos, la vida dura del cazador nómada. Fabricaba los utensilios líticos que han llegado hasta nosotros, así como objetos

18

de materia perecedera que ignoraremos siempre. Poseía el átlatl, la lanza y el cuchillo de piedra; conocía el fuego. El perro, este fiel animal que, dicen, ha civilizado al hombre, sólo apareció en el valle de Tehuacan cuando la agricultura empezaba a ser importante. Así el dicho no es tan inexacto, ya que acompañó a su amo durante el ascenso de éste a la civilización. No tenemos antecedentes más remotos, aunque es seguro que el perro vino a América con los primeros emigrantes. Descubrimientos muy recientes en el Peñón, en Santa María Aztahuacan y en San Vicente Chicoloápam entre otros, han confirmado la presencia del hombre en el Altiplano Central desde hace cuando menos unos 14 mil años. Excavaciones todavía en curso en Tlapacoya sugieren fechas aún más antiguas.

Más tarde, pero aún varios milenios antes de Jesucristo, debido tal vez a las constantes matanzas causadas por el hambre humana o bien a cambios climáticos, los grandes animales "antediluvianos" desaparecieron de la tierra. Esto debió transformar radicalmente la vida económica del cazador primitivo. Sus cacerías se redujeron a las de animales más pequeños o a la recolección de aquéllos que se comen de un bocado. Se inició desde entonces lo que ha sido un rasgo típico de las sociedades americanas: la carne no constituye la base de la alimentación sino que es un artículo de lujo. Las plantas entonces deben suplir ese déficit; pero ellas solas, en estado natural, no lo logran sino parcialmente. El hombre no puede ya contentarse únicamente con lo que suministra la naturaleza; tiene que ayudarla, incitarla y después transformarla. La edad de la agricultura comienza.

19

El conocer cómo principió el maíz en América y la fecha de este acontecimiento es uno de los problemas que más han hecho correr la tinta de los estudiosos. Geógrafos y botánicos, arqueólogos y lingüistas, amén de otros especialistas, han estudiado el problema desde ángulos muy diversos. Sin embargo, sólo recientemente brillantes excavaciones llevadas a cabo en la región de Tehuacan han descorrido en gran parte el velo del misterio.

En efecto, está demostrado que unos 5 mil años antes de Cristo el chile, el amaranto, el aguacate y la calabaza estaban ya cultivados. En el milenio que sigue apareció el maíz doméstico, del que hay tantas variantes antiguas y modernas. Poco después se cultivaron el frijol y el zapote.

Las plantas mencionadas y otros cultígenos, más tarde formaron la base de la alimentación indígena. El trío más ampliamente utilizado fue el formado por maíz, frijol y calabaza. Pero ninguno de estos dos últimos tuvo la importancia del primero. El maíz fue el centro mismo de la economía y la alimentación del México antiguo; de aquí que resulte la planta divina que mencionan las tradiciones toltecas, la planta cantada por los poetas como en estos versos náhuatl del siglo XV:

Yo soy *la mata tierna del maíz,*
desde tus montañas te vengo a ver,
yo tu dios.
¡Mi vida se refrescará!
El hombre primerizo se robustece;
nació el que manda en la guerra.

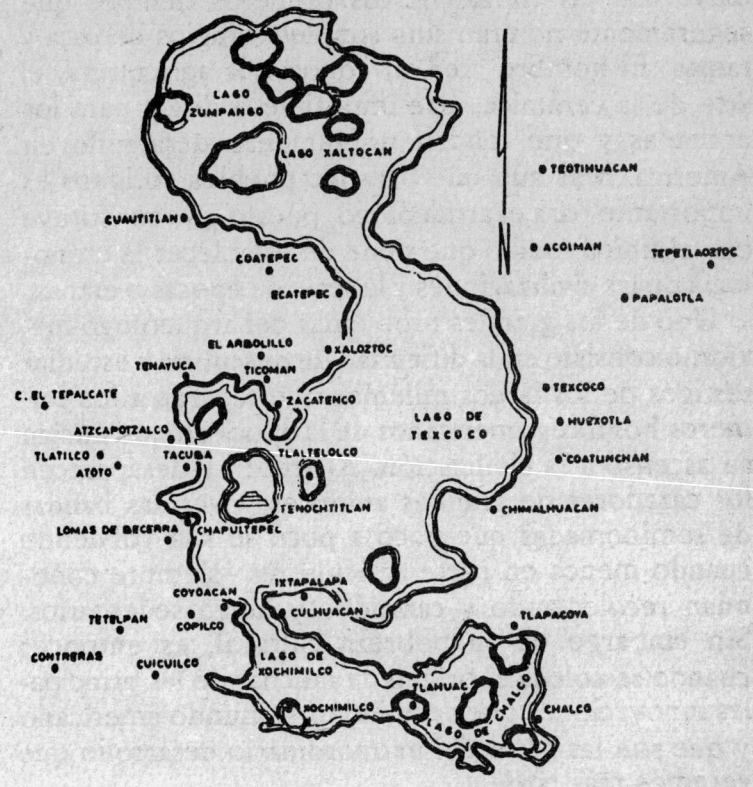

El antiguo México habría parafraseado en: "maíz, maíz y siempre maíz", la frase napoleónica sobre el nervio de la guerra: "dinero, dinero y siempre dinero."

La agricultura tiene una importancia que atañe no solamente a la vida económica sino a la totalidad de la cultura humana. El trabajo del campo transforma al hombre en sedentario obligándolo a instalarse en un área más o menos reducida. Esto lo induce a construir su casa de material cada vez más resistente en contraste con las chozas de los primeros tiempos que seguramente no eran sino simples refugios de paja y ramas. El hombre crea, al conocer la agricultura, el arte de la cerámica, arte imposible o difícil para los nómadas y que tendría un inmenso desarrollo en América. Más aún que para los pueblos antiguos es importante para el arqueólogo, puesto que constituye casi el único medio que tiene de establecer la cronología de las civilizaciones y la serie de épocas o etapas.

Uno de los grandes problemas del arqueólogo mexicano consiste en la dificultad de descubrir y estudiar testigos de los largos milenios que separan a los primeros hombres americanos de la época en que inician su ascenso a la civilización. Aparecen y desaparecen los cazadores de grandes animales, viven las bandas de seminómadas que poco a poco se van volviendo cuando menos en parte agricultores –siempre continúan recolectando y cazando– y luego sedentarios. Sin embargo de su pobreza cultural, es entonces cuando se coloca el origen de muchas de las principales innovaciones que cambiarían el mundo americano y que son las bases del extraordinario desarrollo que veremos más tarde.

II. EL LARGO ASCENSO

EL MILENIO y medio que termina poco antes del inicio de la era cristiana señala en el valle de México y las regiones importantes que lo rodean, el lento camino que lleva a los pueblos hacia la civilización. No forma una línea simplemente ascendente sino que hay bruscas subidas seguidas de momentos de retroceso. Señalaremos a lo largo del presente capítulo las etapas principales.

Hacia 1500 a. de C., los grupos humanos del valle de México eran principalmente agricultores, vivían en aldeas permanentes, poseían el arte de la cerámica y fabricaban tejidos; tenían también utensilios varios de piedra pulida. En una palabra, el paleolítico llegó a su fin en los valles centrales; estamos en pleno neolítico. Pero en América es conveniente emplear estos términos con cierta prudencia puesto que la evolución fue bastante diferente a la de las civilizaciones mediterráneas.

Varios grupos vivían alrededor de los grandes lagos: en Zacatenco, El Arbolillo, Tlapacoya y también en Tlatilco y otras localidades. Todos poseían una cultura común, pero cada sitio presentaba diferencias que en los siglos siguientes llegarían a ser muy considerables allí donde aparecieron influencias venidas de otros lados de Mesoamérica.

La densidad de población era seguramente baja y su desarrollo muy lento. Por causa de una mortalidad

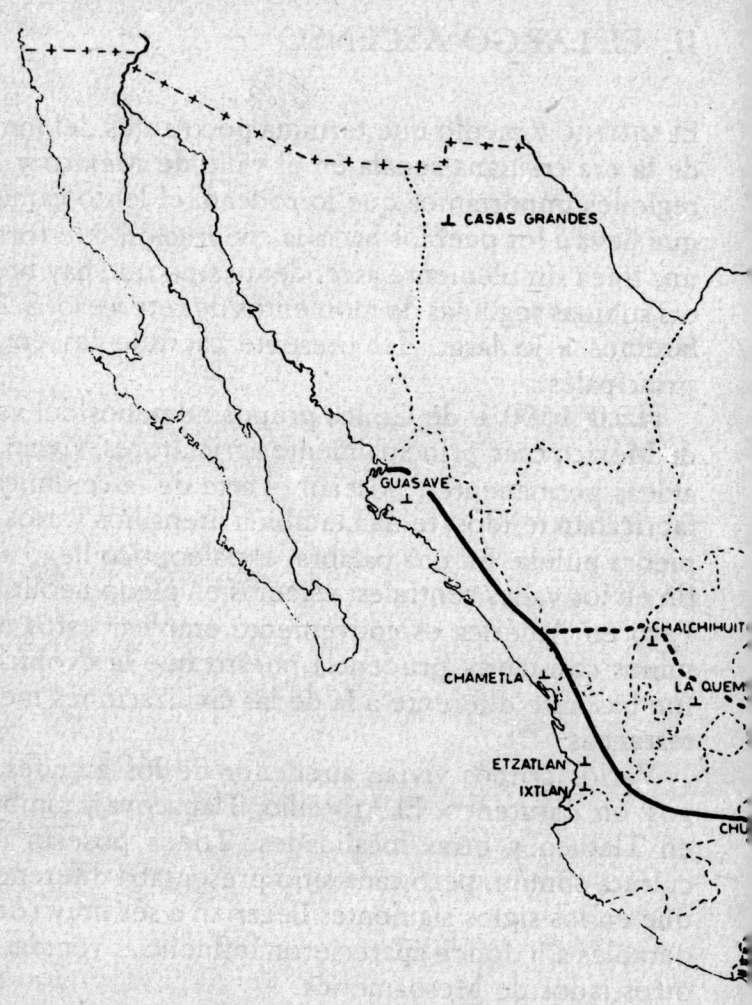

CASAS GRANDES

GUASAVE

CHALCHIHUIT

CHAMETLA

LA QUEM

ETZATLAN

IXTLAN

CHU

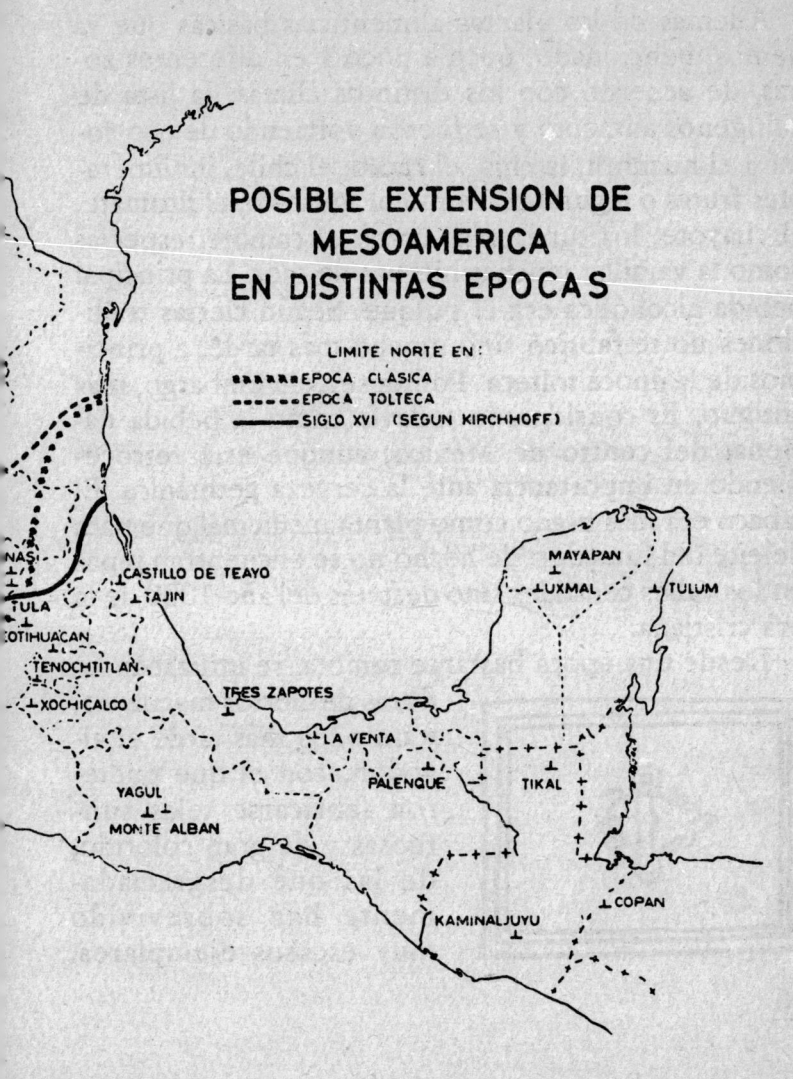

POSIBLE EXTENSION DE
MESOAMERICA
EN DISTINTAS EPOCAS

LIMITE NORTE EN:
▪▪▪▪▪▪EPOCA CLASICA
------EPOCA TOLTECA
━━━━SIGLO XVI (SEGUN KIRCHHOFF)

NAS¹
TULA
OTIHUACAN
TENOCHTITLAN
XOCHICALCO
CASTILLO DE TEAYO
TAJIN
TRES ZAPOTES
LA VENTA
YAGUL
MONTE ALBAN
PALENQUE
TIKAL
MAYAPAN
UXMAL
TULUM
KAMINALJUYU
COPAN

infantil extremadamente elevada apenas una tercera parte de los niños llegaban a edad madura. Aun entre los adultos es raro encontrar esqueletos de hombres o mujeres que hayan pasado los cincuenta años. Más tarde veremos un cambio importante en este sentido, lo que aclarará en parte un gran número de puntos.

Además de las plantas alimenticias básicas que ya hemos mencionado, poco a poco y en diferentes zonas, de acuerdo con los distintos climas, la lista de cultígenos aumentó y se fueron volviendo de uso común el huauhtli, la chía, el cacao, el chile, innumerables frutas o legumbres como el aguacate, el jitomate, el chayote; los tubérculos como el camote; especias como la vainilla; muchas hierbas de olor. La principal bebida alcohólica era el pulque. Según ciertas tradiciones no se fabricó sino mucho más tarde, a principios de la época tolteca. Podría ser, sin embargo, más antiguo. Es considerado todavía como la bebida nacional del centro de México, aunque está retrocediendo en importancia ante la cerveza germánica. El tabaco era más usado como planta medicinal que para deleite del fumador; de hecho no se encuentran pipas en los valles centrales sino después del año 1000 de la era cristiana.

Desde una época bastante remota, se utilizaban las

fibras de ciertos magueyes, y un poco más tarde el algodón, con el que pudieron fabricarse telas suntuosas y de gran colorido, de las que desgraciadamente han sobrevivido muy escasos ejemplares.

Sólo las conocemos bien por las pinturas murales o reproducidas en los libros jeroglíficos.

Se molían los granos en metates con el fin de obtener una harina que servía para la preparación de tortillas; más tarde las legumbres secas eran trituradas en molcajetes, como se hace aún hoy en día. Los metates eran de lava petrificada, con tres soportes y un reborde en los costados que permitía el ir y venir del rodillo de moler entre dichos bordes. Después aparecieron metates planos como los actuales que permiten el uso de una "mano" que sobresale de las orillas, lo que facilita el trabajo.

Pero para obtener las deliciosas tortillas que aún saboreamos en pueblos o aldeas, es necesario cocerlas en un comal: antiguo implemento todavía en uso. Por otro lado las hierbas crudas o la carne eternamente asada acaban por ser muy fatigosas al paladar. Felizmente por estas épocas ya fabricaban cerámica que les permitía hervir y condimentar sus alimentos. Se inició con ello la tradición gastronómica bastante compleja del antiguo México; si muchos de los platos que nos describen las crónicas serían altamente exóticos para paladares occidentales, no por ello dejan de indicar avance en el arte culinario. Éste, por supuesto, no se desarrollaría plenamente sino en época posterior a la que ahora nos ocupa. Siento no haber comido las recetas de la cocina azteca que nos conservó Sahagún, ya que algunos platillos califica de "muy sabrosos."

manta del fuego del diablo.

Aun las primeras cerámicas, de formas sencillas y sobriamente decoradas, son de una perfección técnica que implica larga evolución en el arte del alfarero. Ello sugiere que el conocimiento de la producción cerámica llegó al valle de México desde otras regiones donde se han encontrado ya antecedentes que datan de hacia 2300 a. de C., como la de Tehuacan (fase Purón) o la de Puerto Marqués, cerca de Acapulco. En capas profundas de este sitio aparecieron vasijas burdas casi sin pulimento aunque a veces con rastros de color rojo, que se parecen a las de Tehuacan. Tal vez las cerámicas halladas en estas excavaciones sean las más antiguas de Mesoamérica y el inicio de una tradición que habría de volverse inmensamente rica.

El régimen alimenticio de los primeros habitantes

de México se completaba con la caza –todavía relativamente abundante–, la recolección y la pesca. En esa época se encontraban aún en los valles ciervos, osos, jabalíes, pumas, roedores y numerosas aves. Contaban también los indígenas con algunos animales domésticos como perros, guajolotes, patos; esta lista es bastante modesta. Es obvio que los pueblos de América no se interesaban mayormente –a diferencia de los del Medio Oriente– en la domesticación de los animales; en efecto, no se conoce ningún otro animal americano –excepto en el Perú– que haya sido domesticado por el hombre.

A medida que aumentaba la población, la caza se hacía cada vez más escasa. En el siglo XVI sólo los jefes comían carne. En las famosas *Relaciones* enviadas a Felipe II de España, en respuesta al cuestionario que

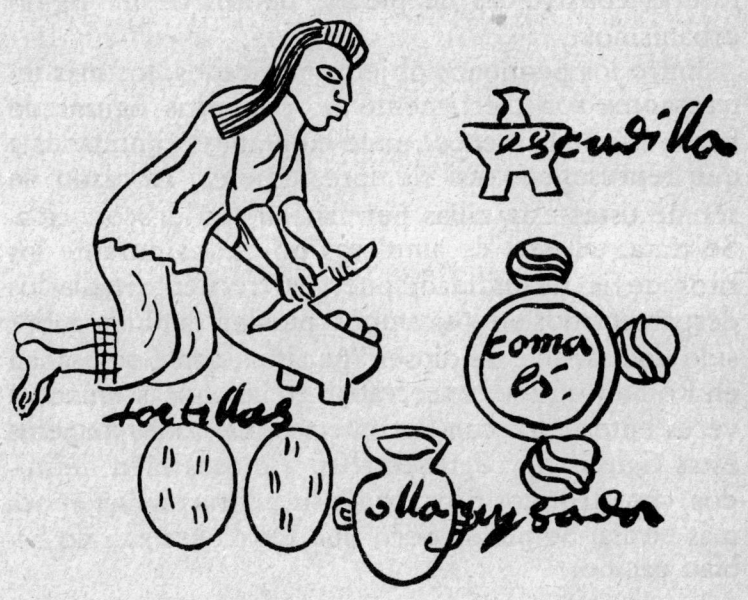

éste hizo circular en todo su imperio, se quejan de esto continuamente.

Con los huesos de los animales se fabricaban utensilios o alhajas tales como collares, pulseras, aretes o pendientes. Las piedras duras —escasas en el valle entonces— eran seguramente objeto de importación.

Las tribus vivían en pequeños poblados rústicos formados por chozas desparramadas. Estas habitaciones primitivas eran rectangulares y construidas de adobe —o bien se hacían los muros con el sistema conocido bajo el nombre de "bajareque", todavía empleado en los pueblos indígenas. Éste consiste en una enramada de palos y ramas recubierta de lodo que, una vez seco, se convierte en una especie de mortero bastante resistente; puede pintarse o blanquearse con cal. ¡Contraste violento con las ciudades futuras construidas de piedra, dentro de un rígido urbanismo!

Entre los pequeños objetos fabricados, los más interesantes son ciertamente las pequeñas figuras de barro que se han encontrado en grandes cantidades y que representan casi siempre mujeres. La razón de ser de estas estatuillas permanece aún desconocida. Se trata, tal vez, de amuletos utilizados durante los ritos de la fecundidad, pues es frecuente hallarlos desparramados en los campos; pueden también haber sido una especie de dioses "penates" como se usaban en Roma y que se conservaban en las chozas, siendo a veces enterrados con los muertos. De todas maneras estas figuras no representaban a dioses bien definidos, con atributos fijos, como sucedería en una época más tardía. Se puede decir que los dioses aún no habían nacido.

Las figurillas de esta época y de la siguiente son pequeñas, casi siempre sólidas, hechas a mano. Los rasgos de la cara se señalan por medio de incisiones más o menos anchas, o bien añadiendo al núcleo de barro que forma el cuerpo y la cabeza, pequeños fragmentos, "pastillas", que indican los ojos, la nariz, la boca o cualquier otro elemento que se desea resaltar. Están casi siempre desnudas; hay algunas, por ejemplo, que sólo tienen un collar; otras más púdicas, llevan un taparrabo o una pequeña enagua. A veces, más coquetas, se adornan con pulseras, ajorcas y orejeras. Es  indudable que a las mujeres de todos los tiempos les ha gustado pintarse; algunas figuritas arcaicas tienen los labios rojos, la cara amarilla y en el cuerpo dibujos de diversos colores. El pelo está cuidadosamente peinado y frecuentemente llevan encima un turbante, a la manera oriental. Una mujer del valle de Puebla evidentemente se vestía con modistos caros: lleva sombrero adornado con flores y pájaros.

En el valle de México nunca se construyeron tumbas propiamente dichas ya que los difuntos eran colocados simplemente en fosas, sin una orientación fija ni posición determinada; a veces están acostados boca arriba, boca abajo, de lado o con las rodillas dobladas

31

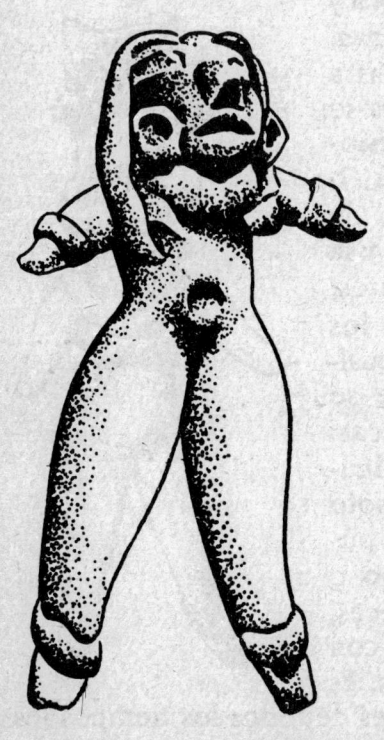

sobre el pecho. Se han encontrado entierros primarios o secundarios, así como múltiples y en algunos casos parciales, es decir, que la cabeza está separada del tronco. Se trataba probablemente en estos casos de prisioneros de guerra y la cabeza había sido usada como trofeo. Acompañaban al muerto en la fosa objetos muy diversos, como cerámicas, implementos de piedra o de hueso, alimentos, pequeños perros y muchas otras cosas de las que desgraciadamente no ha quedado rastro alguno. A veces el cadáver era pintado de rojo y después envuelto en un petate. Todos estos detalles nos indican claramente la existencia de un rito mortuorio y por lo tanto la creencia en un más allá. Este culto, así como las figurillas que hemos mencionado, constituyen los primeros datos concretos conocidos sobre una religión, por sencilla que fuera.

Ignoramos desgraciadamente qué lengua hablaban estos primeros sedentarios en el área, pero conocemos algo de su apariencia física: se trataba de gente de cabeza estrecha, bajos de cuerpo y con otras características que los constituyen como los indudables as-

cendientes directos de los indígenas de las épocas posteriores.

Es difícil imaginar cuál haya sido la organización familiar, social o política de estos grupos. Sin embargo, es probable que su vida fuera parecida a la de otros pueblos que en una etapa de evolución cultural muy similar se conservaron vivos hasta la época histórica; éstos nos dan una idea general que puede aplicarse con mucha prudencia.

Reunidos en pequeñas aldeas con una organización aún muy democrática –ya que no hay ningún indicio de diferencias de clase–, sólo es posible señalar un principio de división del trabajo. Aparte de la división sexual del trabajo –simplemente producto natural–, la cerámica, por ejemplo, ya tan perfeccionada, nos obliga a pensar en la existencia de trabajadores especializados, de ceramistas. Esto no quiere decir que todo su tiempo estuviera dedicado a ella, pero sí que no era fabricada por cualquier miembro de la comunidad sino por unos cuantos que habían dominado su técnica. También es posible pensar, basándose en datos posteriores, que se trate de ceramistas verdaderamente profesionales, es decir, que se dedicaban totalmente a este arte y andaban de pueblo en pueblo fabricando en cada uno la cantidad de piezas que pudieran "colocar en el mercado", para moverse luego a la aldea siguiente en círculos periódicos. Esto supondría además la posibili-

dad de parte de los "compradores" de disponer de un excedente de producción para trocarlo contra piezas de cerámica manufacturadas. Todavía en Guatemala existe ese sistema pero es muy posible que no se haya iniciado sino en una época posterior a la que ahora nos ocupa.

Las armas que utilizaban parecen haber sido más bien para la caza que para la guerra. No hay que olvidar, sin embargo, la posible presencia de prisioneros de guerra en algunos entierros. Este tipo de vida que he tratado de describir se encuentra más o menos igual no sólo entre todos los habitantes del valle de México sino en los otros grupos instalados ya por todas partes, desde la desembocadura del Pánuco por el norte, hasta El Salvador en América Central. Son pueblos de cultura similar que, establecidos en esta vasta región, constituyen la primera población permanente conocida y por tanto la base de toda la civilización futura.

Este hecho resulta de suma importancia ya que demuestra que desde una época tan antigua, una parte de las Américas estuvo habitada por grupos humanos portadores de una cultura básicamente similar; situación que se prolongaría dentro del mismo marco geográfico a través de toda la larga historia precolombina. Naturalmente que las fronteras de esta región no son absolutamente permanentes, pero es indudable que durante tres mil años una civilización ha vivido dentro de esa área. Se trata de un grupo de pueblos que viven lado a lado —las variaciones no son más que locales o temporales— y tienen una base común y una historia paralela. Forman por lo tanto una unidad histórica que es necesario estudiar en conjunto si se

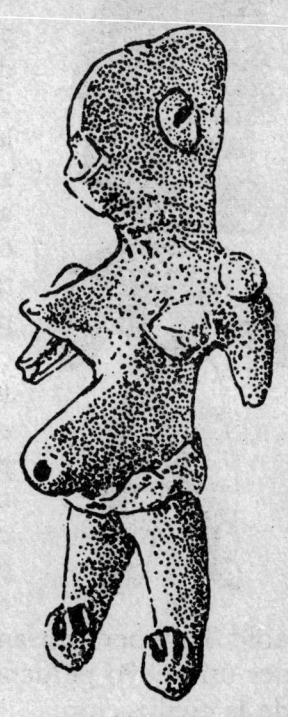

quiere entender su evolución o aun los acontecimientos ocurridos en una de sus partes. Llamamos a esta sección de América, Mesoamérica. En este libro no nos ocuparemos sino de una de estas parte, los valles centrales de México, pero para explicarla nos será necesario hacer alusiones a las otras.

Como sucede siempre entre todos los pueblos, las etapas más primitivas son las más largas; sólo poco a poco se va acelerando el ritmo de los inventos humanos.

Así en este caso, las culturas no parecen cambiar su vida y sus costumbres. Después del esfuerzo colosal de los hombres para trocarse de nómadas en sedentarios y de cazadores en agricultores, caen durante medio milenio en un periodo de calma durante el cual es difícil distinguir adelantos concretos. Gozan las consecuencias de su victoria pero también se van hundiendo en el pantano de las costumbres tradicionales. Sin estímulo, el corazón late apenas. No es hasta pasado el año 1000 a. de C., cuando despiertan de un largo sueño y se mueven rápidamente, impulsados por nuevas fuerzas y por imperativos hasta entonces inexistentes. Imitando la figura de Arnold Toynbee, diríamos que se levantan para ascender un nuevo peldaño en el largo y espinoso camino de la civilización.

36

III. APARECEN LOS OLMECAS

Después de esos siglos grises de que hablamos, hacia el año 1000 a. de C., comienza en los valles centrales una influencia poderosa venida directa o indirectamente de la primera civilización del México antiguo, que se había formado en la costa del Golfo.

Ejerció una influencia capital y el gran estilo que representa marcaría el arte y mucho del desarrollo de esta época y de las que vendrían. La encontramos por ejemplo en Gualupita y en otros sitios del estado de Morelos, en Puebla, en Toluca, pero su estación clásica en el valle de México es Tlatilco. Es aquí donde las exploraciones han producido una colección fantástica de figurillas, de cerámicas y de otros objetos de un estilo extraordinario que se conecta muy directamente a la gran civilización olmeca.

La región de su florecimiento es una vasta llanura aluvial y costera surcada por grandes ríos entre el Papaloapan y el Grijalva. Con una temperatura muy elevada la mayor parte del año, la tierra es sumamente fértil, pero en la época de lluvias está sujeta a frecuentes inundaciones. Los sitios más característicos y más desarrollados del mundo olmeca son La Venta, Tres Zapotes y San Lorenzo.

Los olmecas no fueron grandes arquitectos y sus edificios ofrecen sólo un interés secundario. Esto se puede deber a la falta casi absoluta de piedra en la región. En cambio ya hay en La Venta una planificación que presagia al futuro Teotihuacan. También los contamos entre los más extraordinarios escultores que jamás produjo Mesoamérica. Podemos decir que fueron los inventores de la escultura y sus monumentos representan la primera aparición de este arte. Monumentales cabezas y altares de piedra, enormes

estatuas de gente que ama lo deforme; bocas tigrescas y labios abultados son algunas de sus características. La piedra para labrar estas grandes obras de arte fue traída desde lejos, cien kilómetros a vuelo de pájaro. Probablemente arrastrada a la playa, fue transportada luego por mar y por los ríos en grandes balsas. Todo esto indica, al igual que esta cultura en general, una organización social lo suficientemente adelantada para lograr dichos éxitos materiales con una tecnología tan primitiva.

La figura humana está representada en una forma muy peculiar y diremos exclusiva de esta cultura: generalmente desnuda, pero sin indicación de sexo; a veces con un taparrabos sencillamente adornado, cuerpos bajos y obesos, con rasgos feminoides que sugieren el eunuco, piernas cortas y cabezas deformadas, en forma de pera o de aguacate: La cara es de dos tipos muy diferentes. Uno, el más frecuente, de nariz chata y labios gruesos, mofletudo, de ojos abotagados y oblicuos, barbilla saliente y boca con las comisuras hundidas. Este tipo representa al hombre con rasgos semitigrescos o más bien dicho une los rasgos humanos con los del felino para formar esa extraordinaria combinación de un hombre con cara de niño y de tigre, dios de los olmecas. El segundo tipo es más bien armenoide, con la nariz fina y aguileña y los labios delgados. En los otros rasgos se parece al estilo precedente. Estos dos tipos antropomorfos se encuentran tanto en los grandes monolitos como en las espléndi-

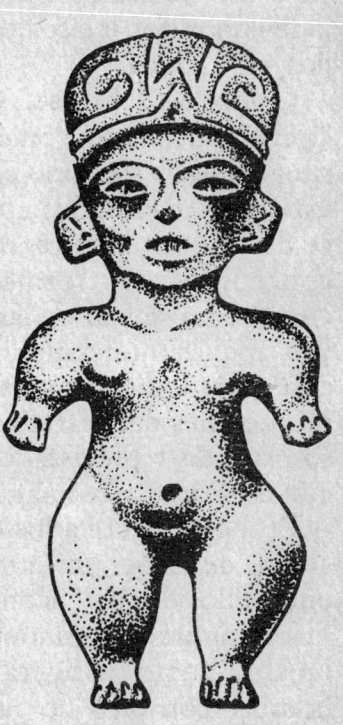

das figurinas de jade azuloso, tan caro a estas gentes, o bien en hachas u otros objetos en que el tigre y el hombre vuelven a combinarse. En barro –al igual que los arcaicos del valle– los olmecas representan mujeres que pertenecen todavía a ese estadio más antiguo de la cultura en la que no hay dioses caracterizados por sus adornos y sus prendas de vestir, pero en piedra y en jade representan siempre hombres. Si pensamos que los primeros dioses del Altiplano son también masculinos vemos que la religión mesoamericana se inicia alrededor de dioses y no de diosas, en contraste a la magia popular que representa mujeres. Puesto que en esta época encontramos ambos tipos –como sucederá hasta el fin del México indígena– parece como si hubieran coexistido una magia adoradora de figurillas femeninas y una religión adoradora –al principio– de dioses masculinos. Las diosas no aparecen sino más tarde en el valle de México y no las encontramos entre los olmecas. Este pueblo tan artista aprovecha el jade en muchas otras formas. Fabrican con él cuentas, pectorales, placas, *pendantifs,* cabochones, máscaras, hachas y un número considerable de objetos diversos cuyo uso nos es desconocido, como la bella barca de jade con glifos incisos o un caimán formado por anillos, en cadena.

Como dice Miguel Covarrubias, el arte olmeca "tiene mucho de común con las culturas arcaicas: simplicidad y realismo sensual en las formas, fuerza y espontaneidad en los conceptos. Los artistas olmecas se deleitaban en la representación de seres humanos concebidos con formas macizas, sólidas, rechonchas... Gustaban de las superficies lisas y muy pulidas, apenas interrumpidas a veces por finas líneas incisas para indicar rasgos suplementarios como tatuajes, detalles del vestido, adornos o glifos. Estas líneas son sobrias y precisas, con un estilo casi geométrico: curvas suaves y rectángulos redondeados..."

Probablemente a los olmecas cabe el honor sensacional de haber inventado el calendario maya y es entre ellos donde encontramos las dos fechas legibles más antiguas del mundo americano. Una está grabada en una pequeña figura de jade que representa un hombre con pico de pato –otra asociación hombreanimal, tan típica de toda Mesoamérica– llamada "la estatuilla de Tuxtla" y que corresponde al año 162 después de Cristo. Pero la primera fecha completa en la estela C en Tres Zapotes, indica el día 7.16.6.16.18 de la cuenta maya, equivalente al 2 de septiembre de. 31 a. de C.

Empleamos aquí, por ser la más probable, la correlación entre el calendario cristiano conocida como correlación B, pero algunos datos sugieren que no debemos desechar del todo la llamada correlación A.

Según ésta todas las fechas mayas deben retrotraerse en 260 años, más o menos, en relación a las fechas proporcionadas por la correlación B. Entonces, la estatuilla de Tuxtla indicaría el año 97 a. de C., y la estela de Tres Zapotes el 2 de septiembre de 290 a. de C.

Así como siglos más tarde las culturas de origen náhuatl tomarían el águila como su símbolo, los olmecas dedicaron todo su fervor –o su terror– al tigre. Éste aparece en todas partes, como animal o bien como personaje semihumano en las figuras que ya hemos descrito. El concepto de la asociación de un hombre con un animal parece básico en el pensamiento mesoamericano. Asociación íntima, podemos decir necesaria. Es el nahualismo, la creencia mágica de que la vida individual está unida a la suerte de algún animal que es el nahual de ese individuo. Pero el animal mismo se deifica en parte puesto que es también el nahual de un dios o, mejor dicho, el dios también tiene su nahual, con el cual se lo suele representar.

Así tenemos entre los olmecas al hombre-tigre o al hombre-pato, más exactamente al dios-tigre o al dios-pato; en Teotihuacan florece el dios-serpiente-pájaro, es decir Quetzalcóatl, o el dios-serpiente, es decir Tláloc, dios de la lluvia; más tarde los diversos Tezcatlipocas serán dios-águila, el sol mismo.

Investigaciones recientes sugieren que los olmecas veneraban ya a varios dioses, los mismos que encontraremos casi tres mil años después durante la época mexica.

Así entre los olmecas –y podríamos dar muchos más ejemplos– encontramos, desarrollados o en núcleo, una gran parte de los sorprendentes adelantos de la época clásica: ceremonialismo intenso, gran escultura, organización en clases sociales dirigidas por sacerdotes, avanzadas técnicas de trabajar la piedra dura, serios conocimientos astronómicos y sobre todo el símbolo mismo de la civilización: la escritura.

Tlatilco es, en el valle de México, el representante de ese estilo que hemos visto culminar en Veracruz-Tabasco. No podemos considerar a Tlatilco sino como un reflejo de los grandes sitios olmecas, ya que aquí no hay arquitectura ni gran escultura ni glifos calendáricos. La parte explorada de Tlatilco es un cementerio donde se han hallado muchos entierros acompañados de vasijas, figurillas y objetos. Los esqueletos masculinos tienen ciertos aspectos feminoides, lo que resulta interesante en relación a la representación artística de hombres que sugieren el eunuco; como hemos visto, ello es característico del arte olmeca. Se nota una considerable longevidad femenina. Frecuentemente aparecen cráneos deformados y dientes mutilados. Es probable que ya se practicara la trepanación para aliviar enfermedades cerebrales, aunque con resultados desastrosos para el paciente. Más tarde tenemos pruebas de individuos que resistieron esta operación y sanaron de ella. La cerámica es muy avanzada con una floración de ollas, vasos y piezas de lujo, admirablemente hechas y decoradas. Representan a veces animales realistas o esquematizados de gran belleza. Entre las figurillas las hay tan parecidas a las producidas en La Venta que podrían fácilmente confundirse. Muestran un ideal estético de cabezas grandes, brazos cortos, cinturas delgadas, piernas abiertas y bulbosas, anchísimas caderas. Un ejemplo nos muestra que dos milenios después se conserva aún el gusto por este último rasgo.

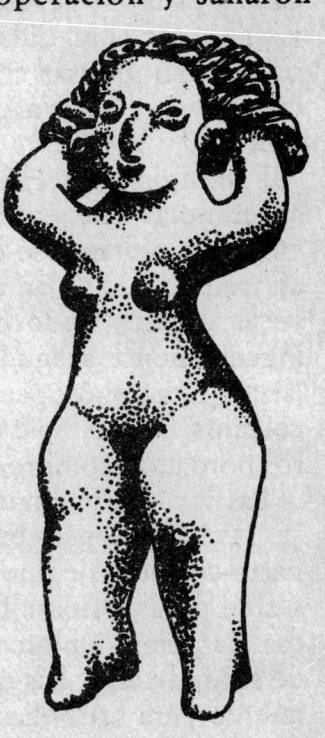

Dice la *Historia tolteca-chichimeca,* al hablar de Huémac, el último rey de Tula, que empezó a reinar siendo niño:

"Cuando ya era mancebo Huémac ordenó que su casa fuese guardada por los nonoualcas. Y en seguida los nonoualcas le dijeron: 'Está bien, mi príncipe, haremos lo que deseas'. En consecuencia los nonoualcas atendieron la casa de Huémac. Y luego preguntó por mujeres y dijo a los nonoualcas: 'Vosotros proporcionadme mujer; os ordeno que ésta sea gruesa de caderas cuatro palmos'. Contestáronle los nonoualcas: 'Está bien, iremos a buscar a ésa de las caderas de cuatro palmos', pero aún no estuvo contento. 'Todavía no tiene la medida', dijo a los nonoualcas 'todavía no son tan gruesas como yo quiero sus caderas. Sus caderas no llegan a cuatro palmos. Las quiero más gruesas'."

Pero dejemos a Huémac y sus gustos exóticos para hacer notar que en Tlatilco las mujeres realzan su elegancia pintándose el pelo de rojo; otras se peinan en trenzas o lo dejan colgar a su espalda. El vestuario se va desarrollando cada vez más. Aunque las hay ingenuamente desnudas, otras llevan enaguas de bailarina o amplios pantalones cortos adornados con colgajos, o un simple taparrabos. Usan también boleros bordados, sombreros de mil formas, turbantes...

Las joyas aumentan en número y valor. De sus arcas las tlatilquenses pueden sacar no sólo adornos de barro cocido o de hueso sino cuentas de jade y orejeras de piedras finas. Tienen collares, pulseras y ajorcas. También se pintan la cara y el cuerpo de amarillo, de rojo, de azul. Las que no se arredran ante el sufrimiento para ser bellas se hacen tatuar el cuerpo.

Algunas figurillas representan tal vez a un mago, especie de chamán de perfil siniestro. Sus caras a veces enmascaradas indican otros aspectos de la vida religiosa; en esta época todavía no se trata de verdaderos sacerdotes, sino de esa mezcla de mago y de curandero.

Hay también una serie de máscaras, algunas de singular belleza; la más notable representa la vida y la muerte: un lado del rostro tiene carne y el otro es el de un esqueleto; otras son de animales, simbolizando probablemente al tótem de aquél que las llevaba puestas. Se han hallado en las exploraciones figurillas que tienen dos cabezas, pero un solo cuerpo. Tal vez se trate de representar en una forma primitiva el principio básico de toda la historia de las civilizaciones precolombinas de México:la dualidad cósmica y creadora, el elemento masculino y el femenino unidos en una especie de hermafroditismo, el bien y el mal que tienen la misma fuente.

Tlatilco representa un paso más avanzado, menos aldeano dentro de la cultura del valle y la aportación evidente de nueva sangre. Pero no es éste el único sitio en el Altiplano o la región limítrofe al valle de México donde aparece esta presencia olmeca. De Tlapacoya (Ayotla) proceden cerámicas muy típicas del mundo olmeca no sólo por su forma y su pasta sino por su decoración y por las figurillas que las acompañan.

Ya citamos otras áreas donde los olmecas establecieron posibles colonias. Notables son los encuentros en el valle de Puebla o en la región de Toluca, pero es en Morelos y en Guerrero donde quedaron huellas olmecas no sólo en objetos portátiles sino en monumentos. Los petroglifos sensacionales de Chalcatzingo no dejan lugar a duda sobre la época y el tipo de gente que los talló. Las pinturas de las cuevas de Justlahuaca y Oxtotitlan, en Guerrero, son también parcialmente olmecas. Además son las más antiguas de que tengamos noticia.

IV. EL VALLE CAMINA HACIA LA CIVILIZACIÓN

CON TODO y la presencia olmeca en el valle y las bellas cosas que dejó, el Altiplano era una región periférica y poco encontramos en él durante estos siglos de los grandes avances logrados en las costas de Veracruz y Tabasco o en otros lados de Mesoamérica. Así, cuando hacia el siglo VIII a. de C. se apaga esa influencia externa, los pueblos del valle parecen haberse quedado en una etapa aún bastante primitiva.

Siguen habitados El Arbolillo, Zacatenco, Tlapacoya, Tlatilco, Chimalhuacan y numerosas otras localidades que habían iniciado su historia desde épocas más antiguas. Surgen muchas nuevas como Ticoman o Cuanalan que, aunque no llegan a ser sino aldeas o pequeños pueblos con menos de dos mil habitantes, demuestran un considerable aumento de población en el valle. Asimismo las exploraciones de Ticoman señalan un periodo de vida más largo que antes, como se ve por el número de hombres y mujeres muertos a una edad avanzada. Esta nueva densidad presenta nuevos problemas y augura también cambios y avances importantes. La mayor parte de ellos tiene sus raíces en sus propias formas más que en rasgos importados de fuera.

Aparece sin embargo una nueva influencia, mucho menos poderosa que la olmeca. Aunque muy confusa aún, revela elementos tal vez originarios del Occi-

47

dente de México. Su importancia es pequeña y la cultura que representa desaparece bastante rápidamente de los valles centrales; pero ha de sobrevivir largamente en su país de origen.

Las casas son principalmente de adobe aún informe pero bien colocado, y no se nota diferenciación entre ellas. Ello sugiere una sociedad todavía uniforme, sin clases sociales que, pensamos, sólo aparecerán más tarde en la región. Asimismo los datos indican la existencia de una serie de pequeñas entidades políticas más o menos independientes que aún no se congregan en agrupaciones, con un territorio amplio y dependientes de un poder central. Aparece sin embargo en Ticoman el primer dios reconocible: una cabeza del dios del fuego, Huehuetéotl, que significa dios viejo, nombre que no podía ser más apropiado. Esta palabra náhuatl –mucho más tardía que el dios– es tal vez una traducción del nombre más antiguo.

Ya hemos hablado del considerable aumento demográfico que se nota entonces. Éste sería inexplicable –y más lo serían los avances próximos– sin los principios de una nueva organización política y religiosa y una base económica más estable.

Comencemos por este último aspecto. Por razones de orden atmosférico, se extendió poco a poco un periodo de sequía cada vez más acentuado sobre toda la región, lo que causó un descenso en el nivel de los lagos. Esta nueva situación tuvo repercusiones importantísimas sobre la vida de los habitantes del valle. La agricultura, con los sistemas primitivos conocidos entonces, se volvió mucho más difícil; la flora cambió considerablemente y disminuyó el número de los animales salvajes: se redujeron las posibilidades de

48

una alimentación fácil. Nuevamente fueron los lagos y los manantiales quienes decidieron la suerte de los habitantes del valle. El hombre –si quería sobrevivir– estaba obligado a revisar sus métodos de producción o a crear nuevas técnicas que le permitieran obtener de aquella tierra seca cosechas suficientes.

Así, tal vez durante esta época aparecen los primeros indicios de nuevas técnicas agrícolas, bien modestas al principio: el inicio de la irrigación. Es posible que hacia el fin de la época una red de canales de irrigación haya llevado el agua de los pequeños ríos hacia las tierras, con lo que se completaba el sistema. Los grandes acueductos no aparecerían sino más tarde, cuando fue necesario abastecer las ciudades de agua potable.

Las famosas chinampas, visibles aún hoy en Xochimilco y en otros sitios, tal vez se iniciaron, aunque en escala mínima, varios siglos antes de Cristo, pero su gran desarrollo ocurrió en la época mexica. Este procedimiento permite utilizar para fines agrícolas las orillas de los lagos, levantando el lodo siempre fértil del fondo. Ahora que hemos desecado los lagos están a punto de desaparecer los últimos rastros de esta antiquísima forma de agricultura.

Otro medio bien conocido de ampliar las superficies cultivables es el de construir terrazas en la ladera de los cerros. Aunque por supuesto la mayor parte no pertenecen a estas épocas remotas, todavía podemos verlas en las faldas de la montañosa Mesoamérica. Asimismo el aumento de población hizo que algunas comunidades se establecieran ya no a la orilla de los lagos sino en el *piedmont*. Allí la producción posible y las condiciones ecológicas eran algo diferentes y por lo tanto había grupos con mejores tierras que otros. Tal vez esto también haya sido una causa de la diferenciación social que se marcaría de más en más.

Este estado de cosas debía tener una repercusión muy sensible sobre todos los aspectos de la vida humana, como sucede cuando ocurre una revolución económica. Por ejemplo, la irrigación no es generalmente el resultado del trabajo de un hombre sino de la colaboración de toda la tribu o incluso de varios pueblos. Para realizar estos trabajos y para conservarlos, el hombre tuvo que ceder en beneficio colectivo una parte de su libertad, pues para una labor fructífera el grupo tiene que estar organizado y dirigido. Los trabajos deberán ser planificados y ejecutados en común, la tribu por lo tanto deberá someterse a un individuo o a un pequeño grupo especialmente calificado. Ello tenderá a crear una élite diferente del resto de la sociedad que, por un lado será la base del avance social, pero por otro tratará de organizar en su provecho la sociedad nueva. Esta élite, una vez cimentada, se volverá hereditaria y formará la clase dirigente. Brujos en su origen, los jefes del antiguo México serían más tarde sacerdotes, precisamente cuando dejaron de ser chamanes para convertirse en profesionales de la religión.

Si la sociedad se constituye alrededor de un grupo religioso, toda la civilización se orientará normalmente hacia un concepto místico que será su centro y su razón de ser. Así vemos nacer todo ese ceremonialismo que marcará con su huella a la civilización indígena.

Es en Cuicuilco, al sur del valle de México, donde parecen haberse erigido los primeros grandes monumentos ceremoniales. El más antiguo fue tal vez un basamento de forma ovalada hecho íntegramente de tierra. Más tarde se construyó la llamada pirámide de Cuicuilco, que es realmente un cono truncado de 25 m de alto, formado por cuatro cuerpos unidos por una rampa y escaleras. Es de piedras no cortadas, simplemente superpuestas, sin ninguna mezcla; en su primera fase el edificio fue más pequeño y tuvo sólo dos cuerpos. Más tarde se añadieron los otros. Tal como lo vemos hoy no guarda sino un parecido relativo con su forma original ya que una reconstrucción exacta no resultó posible. Encima, un altar cuadrado recubierto de un techo de paja, formaba el templo propiamente dicho, del que sólo quedan rastros. Alrededor de este edificio central, otros templos de dimensiones más modestas iniciaron los conjuntos ceremoniales que encontraremos después en todas las ciudades monumentales.

Este incipiente ceremonialismo señalado por la presencia de templos y la aparición de los primeros dioses concretos se refleja también en las nuevas formas de enterramiento. Los muertos son frecuentemente colocados en tumbas todavía muy sencillas, pero con los muros revestidos de piedra y techadas a veces con lajas; los cadáveres son enterrados en una posición relativamente precisa y no al azar como en la época precedente. Aumentan en importancia las ofrendas a los difuntos.

Todos estos cambios importantes –tal vez los mayores que habría de presenciar la historia de Mesoamérica– inician directamente el ascenso a la civilización. Este inicio ya es claro en Cuicuilco, con su arquitectura ceremonial y como sitio residencial de una élite. Cuicuilco pudo haber ocupado unas treinta hectáreas y fue el centro –que ya casi podríamos llamar urbano– más importante del sur del valle. Pero también en Tlapacoya se construyeron pirámides y las tumbas muy ricas allí exploradas señalan ya una estratificación social relativamente avanzada.

Mientras tanto en la región noreste del valle comenzaron a desarrollarse cada vez más aprisa una serie de pueblos que después se unirían en una gran ciudad, que llamamos Teotihuacan. Ésta aún no existía –ni siquiera en sueños– pero la posición excepcional de la región como detentadora del único sitio con manantiales permanentes capaces de regar una amplia llanura aluvial, fue haciéndola cada vez más importante. No es éste el único –ni el principal– motivo, pero sí sabemos que los dos pueblos principales de entonces que después habitarían la ciudad sumaban unos cinco mil habitantes y ocupaban una extensión de 400 hectáreas.

En estas condiciones era previsible que entre los dos centros principales quedara repartida la hegemonía del valle y se perpetuara, aunque limitado a una pareja, el polvo de cacicazgos en los que antes estaba dividida la región. Pero los dioses dividieron diferentemente. No fue el del agua sino el del fuego y de los volcanes quien precipitó sobre Cuicuilco una erupción salida del pequeño Xitle. La lava cubrió en espesa capa tanto los monumentos de Cuicuilco como una vasta región al sur y al oeste del valle de México –región conocida hoy con el nombre de Pedregal. Donde se levantaron los primeros templos del Altiplano, sobre esos terrenos de lava petrificada, se levanta hoy la Ciudad Universitaria.

Este desastre fue en ventaja del lugar que habría de ser la majestad de Teotihuacan. Al desaparecer el poder rival, los teotihuacanos crecieron, aunque probablemente no por emigración de los antiguos cuicuilquenses. Entonces se inició la época que llamamos Teotihuacan I. Unos dos siglos antes de la era cristiana, iniciaron la construcción de uno de los edificios más importantes de Mesoamérica: la pirámide del Sol. Con excepción de la de Cholula, edificada muchos siglos más tarde, la pirámide del Sol es el monumento más vasto que haya sido construido nunca en el antiguo México: cerca de un millón de metros cúbicos y una altura superior a 60 metros. Es una enorme masa de adobe, sostenida por piedra, sin un solo ornamento; éstos aparecerán sólo en la época siguiente, en el edificio adosado a la pirámide.

Encima se eleva un templo, del que hoy quedan sólo los cimientos. En la época de la conquista española una enorme estatua monolítica se levantaba sobre el altar del templo desaparecido; esta estatua fue despedazada en el siglo XVI por consideraciones de orden religioso.

La colosal pirámide, mal restaurada durante la exploración de principios de siglo, no presenta hoy el aspecto que debió haber tenido y su perímetro ha sido considerablemente reducido. Pero en las temporadas de 1962 a 1964 se restauró correctamente el edificio adosado al frente de ella, lo que permitió devolverle en parte la forma que tenía, no durante la época que nos ocupa, sino en la siguiente.

La primera pirámide de la Luna corresponde también a la época I y es evidente que durante ésta quedó cuando menos delineada la planificación general de la ciudad, es decir su eje norte-sur mal llamado Calle de los Muertos y su eje transversal que llamamos avenidas Este y Oeste. Probablemente ya Teotihuacan ocupaba una superficie de diecisiete kilómetros cuadrados y tenía unos 30 mil habitantes.

La gigantesca desnudez y la sabia geometría de estas pirámides y de esta planificación, están totalmente dirigidas hacia lo grandioso y lo sublime. Simplemente su tamaño nos permite imaginar cuáles eran las posibilidades de la élite religiosa que pudo emprender y terminar monumentos de tales proporciones. Tenía que disponer no sólo de técnicos y de una mano de obra numerosa sino también de amplios medios económicos que le permitieran alimentar a esa masa de hombres ocupados en la construcción del templo y que por tanto no producían nada para su sustento.

V. LA ÉPOCA DE ORO

CORRESPONDE a los primeros siglos después de Jesucristo ese periodo de la historia del México antiguo que llamamos generalmente época clásica. Representa el momento culminante en la evolución de toda la civilización mesoamericana. La duración de este periodo varía según las diferentes regiones; así, por ejemplo, en el valle de Oaxaca, tal vez se extiende hasta el fin del siglo VIII y aun un poco más tarde. Lo mismo parece ocurrir en la región del Petén de Guatemala, donde florece la cultura maya. La última estela de Uaxactún es erigida el 4 de mayo del año 889, de acuerdo con la correlación B. Otras dos ciudades de menor importancia, Xultún y Xamantún, indican la misma fecha y una placa de jade fue inscrita en el año 909. En un estilo muy decadente la estela de San Lorenzo, Campeche, señala el año 928. Con estas fechas desaparece el prodigioso sistema del calendario maya que puede considerarse un símbolo del mundo clásico. En los valles centrales esta época parece ser más corta y terminar tal vez hacia mediados del siglo VII. Está marcada sobre todo por el apogeo y la desaparición de la ciudad de Teotihuacan.

Alrededor de las dos grandes pirámides del Sol y de la Luna, representantes del mundo precedente, va a construirse, a desarrollarse y más tarde a morir, la ciudad más grande del antiguo México. Por primera vez podemos utilizar la palabra ciudad en vez de pue-

55

blo o aldea, ya que en Teotihuacan efectivamente nos encontramos frente a frente, no de una cultura más o menos rural, sino de una civilización plenamente urbana.

Mucho se ha discutido el problema de las ciudades de Mesoamérica. Es evidente que en la mayor parte de los casos no podemos pensar en ciudades a nuestro estilo, ya que se trata de centros donde se reúnen, durante las fiestas o los días de mercado, los habitantes de los alrededores que viven en un círculo más o menos grande, en pequeñas aldeas, que "reconocen" ese sitio como su eje. El centro tiene en realidad muy pocos habitantes aunque posea un número crecido de templos o de monumentos públicos y en él residan sacerdotes y gobernantes. Éste parece haber sido el patrón general de las "ciudades" mayas. En cambio Teotihuacan, como más tarde Tenochtitlan, son ciudades a nuestro estilo ya que, además de constituir el centro, poseen una población fija numerosa. Ya no son mecas religiosas o mercados que sólo funcionan cada "semana", sino sitios con una población agrupada, una burocracia y distintas clases sociales que viven en barrios diferentes y en casas también de importancia diversa. A sus alrededores se extiende la población rural que las alimenta, esa sí, congregada en infinitas aldeas o pueblos.

La concentración de población en Teotihuacan –aparte de los templos o edificios públicos– debió ser muy considerable. En su apogeo pasaba de los 200 mil habitantes y se extendía sobre 32 kilómetros cuadrados. La cantidad fantástica de construcciones acumuladas, de restos, de objetos, en una palabra de huellas humanas, indica una población aglomerada en una escala hasta aquel momento desconocida en Mesoamérica.

Nada sabemos del idioma de los teotihuacanos, y poco de su aspecto físico, ya que parecen haber tenido la mala costumbre –para nosotros los buscadores de tumbas– de quemar a sus muertos; tal vez por eso haya sido imposible encontrar hasta ahora una sola tumba teotihuacana que pertenezca a esta época; conocemos sin embargo muchos entierros en los alrededores o hechos algunos siglos más tarde, cuando ya la antigua capital se había convertido en una simple aldea provinciana.

El centro ceremonial fue trazado y construido a lo largo de un eje longitudinal representado por la gran calle central llamada hoy la Calle de los Muertos. Este nombre, por cierto de origen náhuatl, Micaotli, corresponde a un bautismo póstumo que no tiene valor histórico.

En el extremo norte de la gran calle erigieron la pirámide de la Luna, al centro de una plaza maravillosa rodeada de templos y de habitaciones. Limitan la calle otros templos y palacios, dominados por la masa de la pirámide del Sol. Al extremo opuesto –una vez atravesado el río– está la llamada Ciudadela, al centro de la cual se levanta el templo de Quetzalcóatl. Magníficas esculturas de piedra que representan las famosas serpientes de plumas, símbolo de este dios, adornan la fachada. Sus cabezas alternan con las máscaras de otra divinidad.

Más tarde, sobre este monumento, verdadero triunfo de la arquitectura ritual, fue construida una pirámide de líneas mucho más sencillas. Rodeada de una ancha muralla baja, de casi cuatrocientos metros de largo, combina armoniosamente las plataformas y los templos en un marco riguroso típico de la simetría teotihuacana. Todo este conjunto y la gran plaza localizada enfrente, que tal vez sirvió de mercado, parecen formar el centro cívico y comercial de la ciudad en oposición a la parte norte dedicada a la religión. Las avenidas Este y Oeste desembocan precisamente a este inmenso cuadrángulo dividiendo así el conjunto de la ciudad en cuatro sectores. Interesante es ver que éste será precisamente el plano futuro de Tenochtitlan. Resulta evidente que en este conjunto, como en toda la parte de la ciudad dedicada a fines religiosos, se buscó una belleza a base de grandes líneas rectas y austeras que no se complican con curvas u ornamentos. Este equilibrio de las formas no sólo armoniza los monumentos, sino también el escenario de las montañas que los rodean. Parece haber una relación estética entre estas montañas y el contorno de la ciudad que da al conjunto una impresión de eternidad.

Alrededor de la zona central, donde sólo existen templos y palacios, dedicados a jefes y a sacerdotes, se extienden las colonias residenciales. Por todos lados aparecen casas en ruinas de las cuales algunas han sido exploradas, revelando la existencia de varios tipos de habitaciones. Las más suntuosas consisten en un patio cuadrangular rodeado de aposentos o en conjuntos de varios de estos patios y cuartos que se añaden unos a otros para formar un palacio, una verdadera casa de departamentos. En Teotihuacan encontramos por primera vez un estilo de arquitectura que continuará, casi sin cambio, hasta el fin del mundo indígena. Está basado en la combinación de un

talud y un muro vertical decorado con un tablero; las escaleras siempre llevan alfardas. Los muros están recubiertos de una capa de estuco blanco muy fino, frecuentemente pintado al fresco. Felizmente un gran número de estas pinturas, o por lo menos fragmentos de ellas, se han conservado y resultan verdaderos libros que nos permiten averiguar algo de la religión, las costumbres y la vida de los antiguos habitantes. Los temas principales de estas pinturas son de tipo religioso, pero se pueden notar, cuando menos, dos estilos diferentes.

El primero, con mucho el más frecuente, es el que llamaríamos "oficial"; representa sobre todo los dioses o los sacerdotes en pomposos atavíos. Los vestidos y los objetos que los acompañan permiten distinguir una divinidad de otra; es un vasto despliegue de máscaras, de plumas verdes, de vestidos de ceremonia bordados, de alhajas . . . Rodeando estas divinidades, sus atributos recuerdan los poderes de las figuras centrales. Así por ejemplo Tláloc, el dios de la lluvia, está enmarcado por motivos que hacen resaltar la importancia del agua, base de toda agricultura y uno de los temas de constante preocupación del hombre indígena. Veremos también hojas y flores acuáticas y glifos que, desgraciadamente, hoy en día aún no podemos leer.

En el segundo estilo, aunque también de inspiración religiosa, ya no aparecen los dioses, sino los hombres que rinden homenaje a la divinidad o bien que, ya muertos, gozan de las delicias del paraíso. Es este último grupo el que nos permite reconstruir los vestidos, las joyas, los objetos, los juegos y aun ciertas actitudes y expresiones. En un fresco cuyo tema es el  paraíso del dios de la lluvia, el Tlalocan, adonde van los ahogados así como los muertos por enfermedades mágicamente relacionadas con el agua, un artista anónimo pintó todo lo que los hombres consideran la perfección sobre la tierra. Vemos figuras que cantan, bailan o se bañan en un río, otras que juegan, todo

ello en un jardín lleno de árboles, flores bellas o frutos deliciosos, en donde también se encuentran mariposas, pájaros y pescados.

Me parece que el interés principal de esta pintura es que indica, para nosotros, cuál era el ideal o el *desideratum* de vida de un pueblo muerto, cosa que tan rara vez puede encontrar el arqueólogo. Al representar un sitio paradisíaco, el artista teotihuacano nos enseña lo que él considera la vida perfecta, el sitio de todos los deleites, el lugar donde se dan en abundancia todas las cosas que en la vida real son valiosas. El hombre siempre considera el cielo como el lugar donde se han de cumplir sus deseos terrenales, donde las cosas que conoce se vuelven fáciles y completas. Así esta pintura nos indica algo de la filosofía y de las aspiraciones, necesariamente basadas en la realidad concreta, del pueblo de Teotihuacan.

Se empleaban en las pinturas colores de tierra o vegetales. Los más frecuentes son el rojo oscuro, el

61

bermellón, varias tonalidades que van del verde al azul turquesa y los amarillos.

La pintura indígena, desde la época teotihuacana hasta el fin, desconoció el claroscuro. Las figuras son planas y los colores siempre sin sombras. La perspectiva sólo se obtiene colocando más arriba las personas u objetos más lejanos, pero sin ocuparse para nada de disminuir su tamaño conforme se van alejando del espectador. El tamaño de las figuras está en relación a su importancia y no en relación a su distancia. Así, los dioses aparecen más grandes que los hombres.

No tenemos muchos ejemplares de la escultura teotihuacana, pero estos pocos revelan una técnica excelente y una concepción monumental, aun cuando se trate de objetos pequeños. Sin duda la estatua más importante que se haya conservado es la de una diosa, acaso una diosa del agua, expuesta hoy en el Museo Nacional de Antropología de México. Es un admirable ejemplo de esta estética teotihuacana que quiere simplificarlo todo, que transpone la realidad en

geometría y conserva los elementos esenciales, suprimiendo todos los detalles. Después aparece un estilo menos austero en las esculturas del templo de Quetzalcóatl, en el magnífico vaso de mármol que representa un tigre, conservado hoy en el Museo Británico, o bien en las "almenas" que remataban las fachadas de las casas y que encontramos todavía más tarde en los códices mixtecos o en Tenochtitlan.

La producción de figurillas de barro es tan importante como en las épocas precedentes, pero la técnica es enteramente diferente; ya no se hacen a mano, sino en un molde. Los dioses se han industrializado. Estos

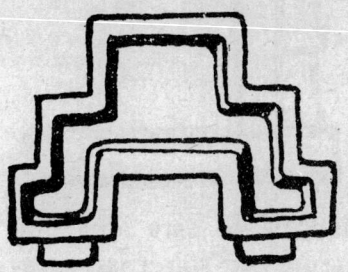

mismos moldes, encontrados y utilizados por los habitantes de hoy en día, les permiten vender a los turistas una producción inacabable de figurillas que solamente a medias son falsas.

Al revés de lo que sucedía con las figurillas arcaicas, siempre anónimas, las teotihuacanas señalan en forma cada vez más precisa los rasgos de dioses concretos. Gracias a ellas, a las esculturas y las pinturas, tenemos una lista de las divinidades teotihuacanas. A excepción de los Tezcatlipocas, que sólo se volverán importantes en la época tolteca, o después, todos los dioses están representados en Teotihuacan, incluyendo algunos que desaparecen con el fin de esta ciudad.

Tenemos también las cabecitas-retrato, tan notables por su naturalismo y la sencilla belleza de sus rasgos: frente amplia, nariz fina, pómulos ligeramente salientes y boca de admirable dibujo. Son una de las representaciones indígenas más cercanas a nuestra sensibilidad estética.

Además de tanto progreso en la arquitectura, la escultura y la pintura, Teotihuacan produjo una cantidad enorme de objetos diversos: cerámicas de forma y técnicas variadas, joyas de jade de piedra, en fin, esas mil pequeñas cosas que fabrica una población muy densa y refinada, habitando durante siglos el mismo lugar.

Teotihuacan es también la primera gran productora de máscaras de piedra en el antiguo México, aunque no fue la iniciadora de esta idea que debió continuarse posteriormente por toltecas y aztecas. Las máscaras teotihuacanas evidentemente no representan a una persona individual ni a un dios: reproducen siempre la misma cara triangular y angulosa de bellísimas facciones, serena y rígida. Se hacían en piedras duras de varias clases. Seguramente no eran máscaras para vivos sino que se colocaban sobre los difuntos para protegerlos y ampararlos de los hechizos. Los pómulos o una banda transversal se incrustaban a veces con plaquitas de jade.

Es sorprendente el número tan reducido de inscripciones jeroglíficas que se encuentran en Teotihuacan, sobre todo en comparación a la exuberancia de las inscripciones mayas de la misma época o a las

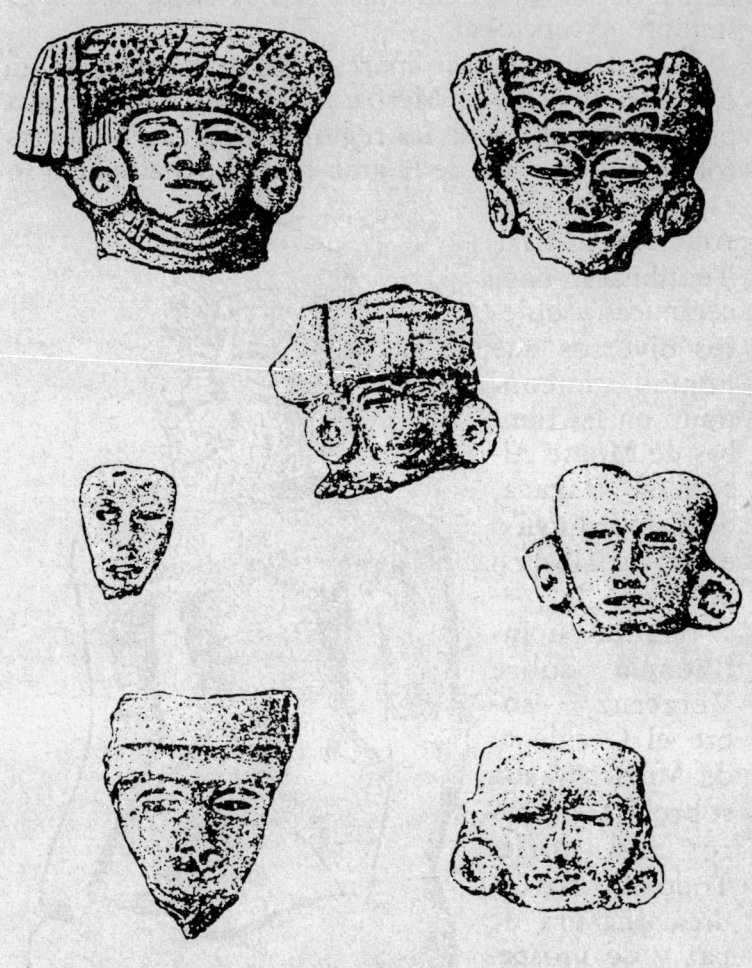

bastante numerosas del valle de Oaxaca. Desde luego, la costumbre de erigir estelas de piedra no es característica de los valles centrales ya que su presencia es siempre excepcional.

Largas caravanas de mercaderes se mueven de un extremo al otro de Mesoamérica para cambiar sus productos por los de las regiones tropicales. En esta forma la influencia de la gran ciudad del altiplano se esparce hasta la América Central. Teotihuacan envía cerámicas y objetos diversos que hemos encontrado en las tumbas de Monte Albán en Oaxaca, de Kaminaljuyú o en las de Tikal en el Petén.

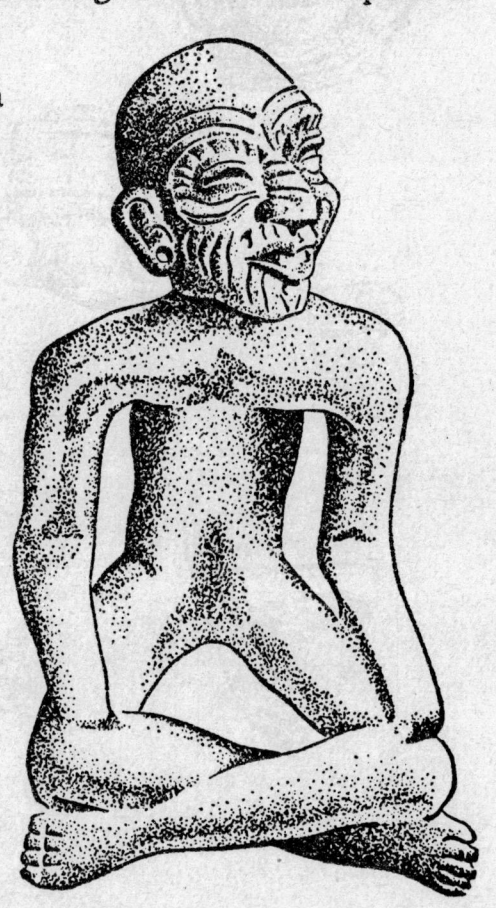

Irradia su influencia sobre Veracruz, sobre el Occidente de México y aun sobre los bárbaros del norte. Todo ello nos indica una era de paz y de prosperidad, de transacciones comerciales y de inter-

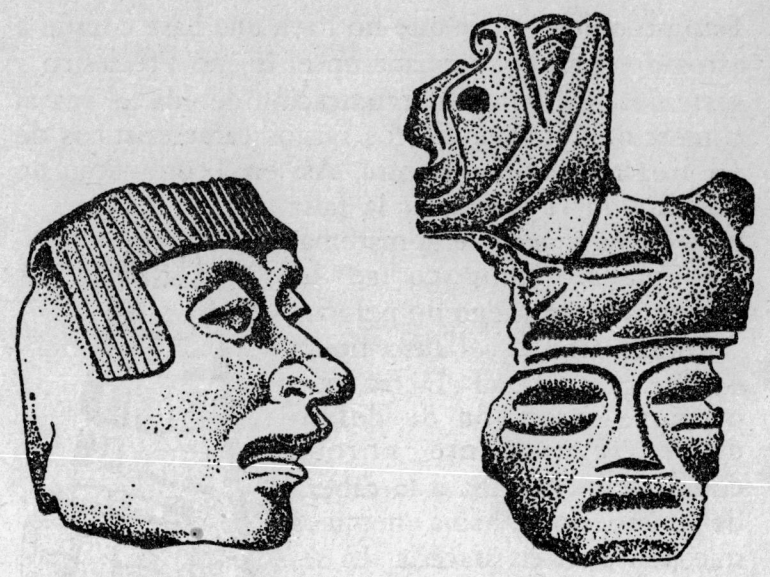

cambio de ideas entre pueblos diferentes; todo nos da la impresión de un gran desarrollo. Es muy posible que la frontera norte de Mesoamérica se ensanche a expensas de los nómadas y que en esa área nórdica se construyan ciudades que giran en la órbita cultural de Teotihuacan. Posiblemente estas mismas ciudades serán el foco de donde saldrán los invasores futuros. Teotihuacan en su afán de expansión crea a quienes habrán de destruirla y pone los alacranes en su seno.

Otro resultado de esta época es la diferenciación de las áreas culturales de Mesoamérica. Mientras durante casi todos los largos siglos pasados, los estilos tenían mucho de común entre sí y no habían surgido aún claras diferencias locales, de ahora en adelante se distinguen cuando menos el mundo maya y el no maya que llamaremos, anacrónicamente, mexicano.

67

Esto no quiere decir que no haya una base común a estos dos mundos iniciada en el lejano Preclásico y sostenida por la intercomunicación debida tal vez al comercio, sino que ciertos rasgos característicos de un área no pasan a la otra. Así en Teotihuacan no tenemos ni la estela, ni la falsa bóveda, ni el cero de la matemática maya. Tampoco se ha encontrado un juego de pelota.

Teotihuacan es el caso típico de una gran ciudad abierta, que no tiene intención de defenderse, seguramente porque como se encontraba a la cabeza de un imperio no había enemigos que pensaran en atacarla. La serenidad de esta capital era verdaderamente imperial. Los dioses sembraban o traían la lluvia y pocas representaciones hay de guerreros armados. La religión domina la ciudad pero no por ello exageraremos la situación hasta suponer que se trata de una verdadera teocracia, sistema de gobierno al que el imperio parece imposible. Es más bien el primer modelo que, como en tantas otras cosas, copiarían sus sucesores, de un sistema dual en el que rigen jefes civiles o militares y sacerdotes, por mucho que los primeros en apariencia se subordinen a los segundos.

Ha quedado establecido el patrón urbano que imitarán toltecas y aztecas. Teotihuacan ha colocado para siempre en la historia mexicana la preeminencia del valle y si nuestra capital está asentada en él, se debe precisamente al éxito logrado hace más de dos mil años por esos teotihuacanos cuyo nombre ignoramos.

Su triunfo es tan completo –hasta donde lo son las cosas humanas– y su mundo urbano tan complejo que 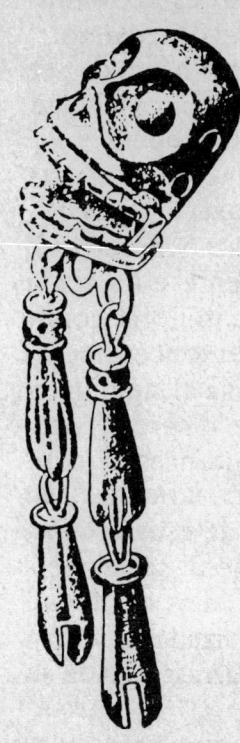 resulta absurdo el tratar de basarlo en simples consideraciones ecológicas o en la importancia más o menos dudosa de su sistema de irrigación. Parece más creíble que su crecimiento al principio se deba en parte a los factores ecológicos e hidráulicos, en parte a su manejo de ciertos materiales básicos como la obsidiana, en parte a su posición única "a caballo" entre los valles de México y Puebla –tal vez por ello extiende en cinco kilómetros más la Calzada de los Muertos para cerrar el paso– y sobre todo a que Teotihuacan logra una verdadera revolución urbana, iniciando así un nuevo tipo de sociedad con una nueva organización política. Ello también se debió a la preeminencia que alcanzó como centro religioso. Sobre estas sólidas bases, la ciudad se desarrolla cada vez más y su prestigio crece de día en día.

En su apogeo es un vasto centro urbano con fuerte actividad comercial, que importa y exporta de cerca y de lejos numerosos productos. Su religión misma se vuelve una fuerza económica –además de política y cultural– ya que atrae numerosos peregrinos que vienen a rendir homenaje a los dioses que permitieron esa grandeza. Es así un centro turístico. Como lo mencionamos, su posición le permite dominar los dos grandes valles del Altiplano, lo que nunca lograron toltecas ni aztecas, de donde su debilidad. Sólo la Colonia española volvió a unirlos y no es accidente que Puebla fuera la segunda ciudad del Virreinato.

Además Teotihuacan se vuelve –como había de ser después característico de Mesoamérica– una ciudad "internacional" donde se hablan varias lenguas y viven gentes venidas de otras áreas. Tenemos pruebas seguras de una colonia del valle de Oaxaca e indicios de otras venidas de las regiones totonaca y huasteca.

Pero pasan los siglos, la clase dirigente e ilustrada se transforma –como siempre– en una minoría dominante que oprime en vez de guiar y entonces aparecen los síntomas de la decadencia. Hacia el siglo VII la ciudad pierde su poder creador y se disgrega interiormente. Su prestigio disminuye; entonces se convierte en una presa fácil para todos esos nómadas que la deseaban desde hacía mucho. Uno de esos grupos, más atrevido que los otros, se apodera de la vieja capital, la saquea y la incendia; las huellas del fuego son todavía visibles en las vigas carbonizadas que han ensuciado la blancura de los estucos y arrastrado en su caída los espléndidos muros pintados.

Todavía hoy, después de mil años de abandono y de saqueo, la ciudad sagrada se conserva magnífica e imponente en la austeridad de sus espacios vacíos sabiamente combinados con la majestad de sus pirámides. Aquí todo se hizo para elevar el alma del espectador; no se trata de agradar sino de exaltar.

VI. EL INTERREGNO

AUNQUE Teotihuacan deja carbones cuya llama ha de
resurgir, con el tiempo se pierde la noción clara de
quiénes fueron sus habitantes. Su historia se transforma en mito. Impresionados los posteriores inmi-
grantes del valle, pensaron que estos edificios sólo
podían haber sido construidos por una raza de gigantes: los quinametzin de la leyenda tolteca. Y como
prueba "científica" de la verdad de estos gigantes,
¿qué más podía darse que el encuentro de sus huesos?
Así, los animales prehistóricos cuyos restos aún hoy
son abundantes en esa región, se convirtieron en los
gigantes. El verdadero mamut confirma los míticos
quinametzin. Esta leyenda fue creída por los cronistas
españoles de la época de la Conquista y para que
Carlos V se convenciera de ella, le enviaron como
prueba el fémur de un elefante. ¡Qué curioso destino
para los restos de ese antiguo animal!

Pero las ruinas de Teotihuacan habrían de adquirir
una importancia mágica todavía mayor. Confundidos
los toltecas por su tamaño pensaron que si la habían
construido los gigantes, la habían habitado los dioses.
En efecto, la palabra Teotihuacan, en la lengua de
toltecas y aztecas, significa "el lugar donde vivían los
antiguos" o bien "el sitio de los dioses". Por este
motivo las leyendas sitúan en Teotihuacan la creación
del quinto sol.

Esta idea del quinto sol proviene de la manera indígena de concebir la historia. Mientras que para el hombre occidental la historia es una línea continua más o menos ascendente –concepto que reúne curiosamente la idea cristiana y la evolucionista– para los indios mexicanos la historia es una serie de ciclos cerrados. Cada uno, independiente del otro, desaparece en un tremendo cataclismo, de tal manera que al fin de cada era los dioses se ven obligados a crear todo de nuevo, inclusive el sol y los hombres.

Los dos o tres siglos que pasan entre la destrucción de Teotihuacan y el principio de la era histórica propiamente dicha nos son poco conocidos en el valle de México, que parece dividirse nuevamente en varios cacicazgos. Podemos afirmar solamente que fue una época de baja cultura durante la cual se olvidaron muchos de los adelantos logrados en la fase anterior y en la que los descendientes de los teotihuacanos se fueron mezclando cada vez más con los invasores. Esto elevó lentamente el nivel cultural de los bárbaros que poco a poco recogieron una parte de la vieja herencia.

Este vacío en la historia del valle de México no corresponde a los sucesos en otras áreas que no fueron destrozadas por los invasores de Teotihuacan. Así los centros mayas del Petén siguen erigiendo estelas de piedra y construyendo edificios hasta fines del siglo ix. Los zapotecas de Monte Albán desarrollaban precisamente en esta época una gran labor edificadora. Es en realidad cuando se convierten en los grandes arquitectos del México antiguo y cubren los valles de Oaxaca con edificios sin número. Aún más cerca, en el valle de Puebla, sigue elevándose la gran pirámide de Cholula.

Pero a fines del siglo IX y principios del X la crisis que acabó con Teotihuacan se amplía a todo el mundo indígena. Causa la muerte de muchísimas de las grandes ciudades de las épocas anteriores. Desaparecen todos los centros ceremoniales mayas del "viejo imperio", así como Monte Albán, aunque en estos casos, no hay indicios de incendio o de que un conquistador haya clavado su lanza sobre sus cerros glíficos. Es evidente que causas profundas tienen que estar en el fondo de esta especie de suicidio colectivo. Se han imaginado guerras, pestilencias, sequías, temblores, bancarrota del sistema agrícola, etc., pero ninguna de estas explicaciones parece convincente. Puede pensarse en una desorganización social interna que lentamente va minando las fuerzas hasta debilitar de tal manera a los pueblos que desaparecen, o son fácil presa para un conquistador venido de fuera. En efecto, el siglo X indica una gran laxitud interna, una suspensión de actividades resultado, tal vez, de un debilitamiento de su motor vital. Posiblemente, como en el caso concreto de Teotihuacan, ya las élites que habían llevado a estos pueblos a niveles insospechados, han perdido su impulso creador y convertidas sólo en minorías dominantes, son barridas por fuerzas internas. Éstas están representadas por una clase oprimida que se subleva o por dos grupos en pugna, tal vez militares contra sacerdotes, o por una nueva religión que, salida de las masas, adquiere la fuerza necesaria para vencer a los viejos dioses.

Desde luego podemos asegurar que, cuando menos a partir del siglo XI, Tezcatlipoca, el dios de los toltecas y de todos los sucesores de ellos, se va a convertir en la divinidad más importante. Este cambio de

73

acento viene acompañado de numerosas transformaciones en el concepto mismo de la religión. Mientras que Quetzalcóatl se opone a los sacrificios humanos y a la religión brutal de la conquista, Tezcatlipoca los exige y, como veremos después, esta exigencia debía tener consecuencias trascendentales en los destinos aztecas. Desde el principio de la historia tolteca se inicia la pugna entre las dos religiones, pugna que continúa hasta el momento de la conquista española, aun cuando ya para entonces la nueva religión había vencido casi completamente a la antigua. No debemos por supuesto exagerar al hablar de dos religiones puesto que, fundamentalmente, son la misma; lo que cambia es la importancia que en un caso o en otro se da a distintos dioses y las consecuencias, a veces enormes, de esta diversidad de cultos.

Sin embargo, el fin del mundo clásico no siempre señala el fin de todas las ciudades que durante él existieron. Así, algunas que florecieron durante esa época siguen viviendo más tarde. El ejemplo más interesante que conocemos, en los valles centrales, lo constituye Xochicalco en la región de Morelos. Su influencia –aun indirecta– será grande, puesto que de ella saldrá, culturalmente hablando, el Quetzalcóatl histórico. En combinación con otras influencias, en Xochicalco parecen conservarse los restos de la religión antigua, señalada por el culto de la serpiente emplumada.

Desde una época bastante remota, empezó a haber habitantes en el cerro de Xochicalco y durante la época clásica se construyó el edificio más importante que hoy nos queda. Consiste en una pirámide pequeña cuyo interés radica en los magníficos bajorrelieves que la rodean y que constituyen un misterio. El elemento principal de la decoración lo forman grandes serpientes emplumadas, colocadas en el talud del edificio que está rematado con una cornisa saliente, de gran elegancia y adornada también con esculturas.

Entre los cuerpos de las serpientes, aparecen figuras humanas de un estilo que recuerda de lejos al maya y grupos de jeroglíficos cuya lectura es dudosa y se ha prestado a numerosas interpretaciones.

El hecho de que esta pirámide central esté dedicada a Quetzalcóatl, como lo indican las grandes serpientes emplumadas, nos permite pensar que Xochicalco era un sitio dedicado a este dios. Esto resulta muy importante en relación con los inicios de la historia tolteca, como veremos dentro de un momento.

Una prueba entre otras de que Xochicalco no desaparece con el fin de Teotihuacan sino que prolonga su historia contemporáneamente a Tula, nos la da, por ejemplo, el juego de pelota con anillos que es idéntico al de la capital tolteca y seguramente su contemporáneo, o el encuentro frecuente de objetos que, cronológica y estilísticamente, corresponden a los hallazgos hechos en Tula.

Xochicalco, aunque construido sobre un cerro, era difícilmente defendible por lo que los habitantes, durante las épocas revueltas que ahora nos ocupan, se vieron obligados a construir en una eminencia cercana una fortaleza. Es tal vez el ejemplo más antiguo que conocemos en los valles centrales de una ciudad que vive bajo la angustia de un posible ataque. La fortaleza, al contrario de lo que es de esperarse, no pretende defender a la ciudad de una invasión; es más bien un recinto donde pudieran refugiarse los habitantes en caso necesario y esperar allí, con relativa seguridad, la retirada de las tropas enemigas.

En esta ciudad, como en sus contemporáneas, ya no se buscan las grandes perspectivas rigurosas donde la perfección de la línea recta es el elemento esencial, donde el adorno es superfluo como en Monte Albán —la plaza más admirable de América. Un adorno más profuso, una línea menos fina, una suntuosidad bárbara, mayor movimiento, son algunas características de estas nuevas ciudades.

El estilo de Xochicalco es verdaderamente un estilo de transición entre la austeridad de Teotihuacan y el arte más preciosista de los toltecas.

Tajín es otro sitio que sirve de enlace entre el mundo clásico y el tolteca.

Allí, entre el calor y la selva, un pueblo antepasado de los totonacas históricos erigió esa extraordinaria ciudad, inmensa y, aún hoy, tan mal conocida. La pirámide principal de Tajín, de siete cuerpos de altura, es uno de los edificios más impresionantes del arte precolombino. Los tableros de cada cuerpo están decorados por todos lados con nichos que dan gran movimiento al edificio. Se ha creído, erróneamente, que estos nichos contenían dioses o algún otro objeto; pero en realidad, son simplemente un adorno de la arquitectura. Una gran escalera, igualmente adornada con nichos, conduce al templo superior. Esta escalera presenta un interés adicional ya que relaciona aún más a Tajín con Xochicalco, pues parece combinar ciertos elementos característicos de la arquitectura maya, vagamente presentes en Xochicalco, con la típica forma escalonada de la pirámide mexicana.

Los portadores de la cultura de Tajín, tal vez los pipiles, tuvieron una expansión considerable, sobre todo al final de la época clásica. Así los vemos depositar sus objetos sobre las ruinas del palacio de Palenque y es posible que ellos hayan sido los destructores de la maravillosa ciudad maya, que desaparece al fin de la época. Su influencia sobre Tula no es muy notable tal vez por hallarse ya el Tajín en decadencia. Desapareció tan totalmente y a tal grado lo devoró la selva, que a la hora de la Conquista nadie se dio cuenta de su existencia y tenemos que esperar el final del siglo XVIII para que, por primera vez, el padre Alzate mencione esta ruina gigantesca.

El año 900 más o menos marca el cambio más importante de la antigua historia de México, como ya lo hemos anotado. Los documentos escritos que poseemos, en el valle de México, no van más allá de esta fecha que, por tanto, señala la diferencia entre la etapa histórica y la prehistórica.

Fuera de los valles centrales la situación es bastante diferente. Tenemos documentos que se remontan a épocas mucho más antiguas, algunos de los cuales ya hemos mencionado como las inscripciones en piedra que se encuentran en la cultura olmeca, entre los mayas o la gente de Oaxaca.

Las más célebres de todas, las estelas mayas, indican fechas que abarcan un plazo de 600 años aproximadamente. Además podemos leer una serie de noticias calendáricas tales como la posición de la luna en un momento dado, la corrección anual necesaria para incluir la diferencia entre días completos y ese verdadero e incómodo curso solar de 365 días y fracción que tantas complicaciones ha traído y que ni César ni Gregorio XIII corrigieron perfectamente con sus sistemas de bisiestos.

Pero todo esto no da ni un solo dato de historia escrita, tal vez porque no ha sido posible hasta ahora leer muchos de los glifos, o más probablemente porque estas estelas solamente indican fechas en un sentido religioso ya que los días mismos eran como dioses. Sólo ocasionalmente contuvieron algún dato histórico de los que tanto desearíamos encontrar.

Las inscripciones en piedra de Monte Albán tal vez refieran conquistas o algún otro acontecimiento; pero aquí también nuestra ignorancia sobre el sistema de escritura nos impide afirmar nada en concreto.

Otros documentos históricamente mucho más importantes son los libros jeroglíficos que provienen de la Mixteca. Ya sea por una casualidad o por corresponder a un hecho real, la mayor parte de los libros que sobrevivieron al gran naufragio que en el siglo XVI sufrió la alta cultura indígena, proviene de esta región. Gracias a ellos y al brillantísimo trabajo de Alfonso Caso, se han podido establecer fechas para acontecimientos reales a partir del principio del siglo VIII. Los libros nos relatan no una historia completa, naturalmente, sino al igual que las crónicas medievales, la historia dinástica y militar de algunos señores. Por ejemplo, para Tilantongo, conocemos la lista de sus reyes, con sus fechas de nacimiento; los nombres de sus mujeres y el origen de éstas; sus hijos, las guerras y victorias que tuvieron y los accidentes ceremoniales de sus vidas; pero poco sabemos de los pueblos que gobernaron o de los problemas fundamentales de su gobierno.

A estos datos hay que añadir una serie de inscripciones que aparecen en pinturas murales o en cerámica pintada y que por su extensión, como en el caso de los célebres frescos de Bonampak, indican toda una relación que tampoco podemos leer.

Pero hasta el momento que nos ocupa, en el valle de México sólo aparecen glifos aislados que probablemente no tengan ningún sentido histórico; en cambio los nuevos pueblos van a conservar las memorias de sus aventuras en verdaderos libros —como los de la Mixteca— donde jeroglíficos más o menos legibles nos permiten reconstruir cuando menos las. grandes líneas de su historia. De donde resulta correcto el considerar que a partir de ahora empieza la era histórica.

Las antiguas culturas del valle de México tuvieron contactos estrechos y aun fueron influidas poderosamente por los pueblos establecidos en la costa atlántica, por los adoradores del tigre; en cambio, los nuevos grupos que vamos a estudiar son típicamente producto del altiplano y su animal distintivo es el águila. A partir de este momento, el águila de los altos valles vence al tigre de las costas tropicales.

Si queremos aplicar términos utilizados en la clasificación de las culturas europeas —en realidad inaplicables en América— podemos decir que en esta época termina el neolítico con la aparición de los metales. Pero un curioso neolítico que marca el apogeo de las culturas indígenas y una más curiosa edad de los metales que casi no aporta nada nuevo que sea de verdadera importancia.

Los metales, desde una época anterior, eran conocidos y utilizados en la América del Sur desde el Perú hasta Colombia y poco a poco su usó fue extendiéndose hacia el norte, a través de la América Central. Durante la época tolteca se empiezan a utilizar en México. El metal, sin embargo, nunca tuvo en las culturas americanas una gran importancia o cuando menos ésta fue mucho menor de la que tiene en la cuenca mediterránea. Tuvo más bien un fin suntuario y no una verdadera utilidad práctica. Sin embargo, entre los tarascos especialmente, fue abundante el uso del cobre para fabricar agujas, pinzas, punzones, hachas, puntas de instrumentos de labranza. También hicieron joyas y objetos ceremoniales como la espléndida máscara de cobre conservada hoy en día en el Museo de Morelia.

El Estado y los señores aztecas habían acumulado grandes depósitos, principalmente de oro, que se han perdido totalmente. Hoy sólo podemos leer con pesar las encendidas descripciones que nos hacen Durero o los cronistas de la Conquista y la lista de los objetos maravillosos enviados a Carlos V, como regalo de Cortés. Todos fueron a dar al crisol. Lo mismo debió suceder con las joyas encontradas en las búsquedas, oficialmente admitidas, que se hacían en el siglo XVI, como la del conde de Osorno, presidente del Consejo de Indias.

He ahí por qué muy pocos ejemplares de orfebrería indígena eran conocidos hasta que se recobraron algunas espléndidas piezas en el Cenote Sagrado de Chichén-Itzá y tuvo lugar el sensacional descubrimiento de la tumba 7 de Monte Albán. Allí, en 1932, Caso encontró el entierro de unos jefes mixtecos acompañados de un fabuloso tesoro. Collares, brazaletes, orejeras, diademas, anillos de oro... Estas joyas además de su belleza revelan una técnica, o más bien, un conjunto de técnicas metalúrgicas muy avanzadas, como la fundición por el sistema de cera perdida o la falsa filigrana. Una pieza extraordinaria –mitad de oro y mitad de plata– no permite ver cómo se fundieron los dos metales.

También se han recobrado piezas espléndidas, aunque menos abundantes, en otros sitios de la Mixteca, en Guerrero, en la Huasteca y en otras áreas de Mesoamérica. De aquí se difundieron al suroeste de los Estados Unidos.

Esta época de interregno representa un notable descenso en la cultura mesoamericana; sin embargo, además de haber iniciado el conocimiento de los metales y de servir de puente entre el mundo clásico y el tolteca, es donde empieza la época histórica.

VII. LOS TOLTECAS

EL PRINCIPIO del siglo X está señalado históricamente por la violenta aparición de una horda semibárbara procedente o de la región de Jalisco o del sur de Zacatecas. Son los toltecas, que habrán de iniciar un mundo diferente, un mundo nuevo surgido de esta época de desorganización. Combinaría la herencia cultural del mundo clásico con las aportaciones de los nuevos pueblos venidos de fuera.

Poco sabemos de estas gente antes de su llegada al valle de México. Su prehistoria es más bien mítica y tal vez esté reflejada en sus relatos cosmogónicos, como por ejemplo en la leyenda de los soles. Ya hemos mencionado el quinto sol. Los cuatro anteriores corresponden vagamente a cuatro etapas previas que podrían tener una connotación histórica. Durante el primer sol viven los gigantes que eran un pueblo rudo que "no sembraba" y sólo comía piñones como los grupos del norte de México. Representa evidentemente una etapa preagrícola de nómadas. El segundo sol es cuando ya los hombres son comunes y corrientes y comen panes hechos con la fruta del mezquite. Con el tercer sol los hombres saben sembrar pero no poseen el divino maíz. Comían un grano "que nace en el agua". La planta básica del cuarto sol, sólo es designada con su nombre esotérico: 4 flor. El quinto sol representa a la nueva humanidad, a los pueblos de la familia náhuatl que van a vivir la era histórica o posteotihuacana. Son hombres ya perfectos que poseen, gracias a Quetzalcóatl, la planta perfecta: el maíz.

Los toltecas llegan a los valles centrales encabezados por un gran jefe, Mixcóatl, que debe de haber poseído cualidades extraordinarias. Su nombre e influencia repercuten a través de todas las crónicas indígenas. Por primera vez podemos mencionar a un hombre concreto –de carne y hueso–; ya no se trata sólo de historias anónimas.

En pocos años Mixcóatl conquista el valle de México y algunas regiones vecinas desencadenándose como una tromba sobre los míseros restos de los teotihuacanos. Después Mixcóatl busca un sitio propicio donde establecer su capital. En Culhuacan encuentra una península al pie del cerro de La Estrella –lleno de cuevas– cuya situación estratégica permitía una fácil defensa. Allí se establece y funda lo que será la primera capital tolteca y curiosamente también la única ciudad superviviente del gran naufragio que, tres siglos más tarde, aniquilaría el imperio de Mixcóatl.

Una vez establecido se dedica a ampliar sus conquistas en varias direcciones y así lo vemos abarcar partes de Morelos, de Toluca y la Teotlalpan.

Durante una de sus campañas por Morelos, nos dice la crónica que se encontró ante una mujer joven y hermosa que no era tolteca.

" . . .a su encuentro salió la mujer, Chimalman, que puso en el suelo su rodela, tiró sus flechas y su lanzadardos y quedó en pie desnuda sin enaguas ni camisa. Viéndola Mixcóatl le disparó sus flechas: la primera que le disparó, no más le pasó por encima y ella sólo se inclinó; la segunda que le disparó le pasó junto al costado y no más dobló la vara; la tercera que le disparó solamente la cogió ella con la mano; y la cuarta que le disparó la sacó por entre las piernas. Después de haberle disparado cuatro veces se volvió Mixcóatl y se fue. La mujer inmediatamente huyó a esconderse en la caverna de la barranca grande. Otra vez vino Mixcóatl a aparejarse y proveerse de flechas; y otra vez fue a buscarla y a nadie ve. En seguida maltrató a las mujeres de Cuernavaca. Y dijeron las mujeres de Cuernavaca: 'Busquémosla'. Fueron a traerla y le dijeron: 'Te busca Mixcóatl, por causa tuya maltrata a tus hermanos menores...' Nuevamente fue Mixcóatl y otra vez ella le sale al encuentro; está de igual manera en pie descubriendo sus vergüenzas; de igual manera puso en el suelo sus rodelas y sus flechas. Otra vez con repetición le dispara Mixcóatl sin ningún resultado... Después de que esto pasó, la

toma, se echa con la mujer que era Chimalman, la que luego se empreñó..." En realidad, sólo después de este suceso la mujer toma el nombre de Chimalman, que quiere decir mano-escudo, un nombre que evidentemente merecía. Pocos meses después y estando Chimalman encinta, Mixcóatl es asesinado por uno de sus capitanes que usurpa el trono de Culhuacan. Debido a ello la viuda se refugia con sus padres, donde muere al dar a luz a un hijo.

Este niño, nacido en el exilio, se llamó Ce Ácatl Topiltzin. Más tarde tomaría el nombre de Quetzal-cóatl con el cual es conocido en la historia y será la figura más interesante del México antiguo.

Quetzal en náhuatl es el pájaro de bellas plumas que se encuentra todavía en los bosques de Guatemala, y *cóatl* quiere decir serpiente. El pájaro-serpiente o la serpiente emplumada. Esotéricamente significa la cosa preciosa o también la cosa doble: el gemelo. Entre los indígenas precolombinos, el gemelo siempre tuvo un sentido mágico; era temido y a causa de ello frecuentemente matado. Ya sea en la doble mazorca de maíz, en los dioses creadores, en el animal doble o en el planeta Venus, a veces estrella de la mañana y a veces de la noche, por lo tanto un gemelo celeste, encontramos esta dualidad que tanto turbó el espíritu místico de los antiguos mexicanos. Quetzalcóatl en una de sus advocaciones representa a Venus. Aparece, por lo tanto, no sólo bajo la forma de dos anima-les reunidos en uno, el pájaro y la serpiente, sino que también es dos en uno ya que Venus no es sino una estrella que parece ser dos.

Todo esto por supuesto se refiere al antiguo dios Quetzalcóatl, pero lo que nos interesa verdadera-mente es el hombre hijo de Mixcóatl, y su leyenda.

Al morir su madre, el niño —el futuro Quetzalcóatl— es recogido y educado por sus abuelos maternos que vivían cerca del sitio maravilloso de Tepoztlan, donde aún quedan, en el folklore local, huellas de su paso. Tepoztlan era afín a Xochicalco donde, como hemos visto ya, se conservaba la vieja religión y se adoraba a Quetzalcóatl. De aquí que el pequeño príncipe fuera educado en ese credo, que no era el de su padre. Con el tiempo, debido a sus brillantes cualidades y al prestigio de su nacimiento, se convierte en el sumo sacerdote del dios Quetzalcóatl y toma el nombre del dios, de acuerdo con la costumbre indígena. Esto ha sido causa de continuas confusiones, ya que frecuentemente se han mezclado el dios con el personaje histórico, así como con los numerosos sacerdotes que, a lo largo de los siglos, llevaron el mismo título.

Siendo Quetzalcóatl un hombre joven, un partido legitimista parece haberlo llamado a ocupar el trono de su padre. Pero antes de regresar a Culhuacan, busca los restos de Mixcóatl y los entierra en el cerro de La Estrella. Encima construye un templo y eleva a su padre a la categoría de dios. Desgraciadamente no hemos tenido la fortuna de encontrar la tumba que a Mixcóatl dedicara la fidelidad del hijo.

El usurpador se preocupa por estos acontecimientos y ataca a Quetzalcóatl el cual, desde la cima del cerro, lo vence y lo mata. Con la muerte del usurpador que, recordémoslo, era también el asesino de su padre, Quetzalcóatl se convirtió en el jefe indiscutido de los toltecas. Trata de darles los beneficios de la civilización materna y el culto de su dios epónimo.

No sabemos por qué motivo decide casi inmediatamente trasladar su capital, y después de algún ensayo que no parece haber resultado fructuoso, hacia el año 980 se instala definitivamente en Tula, que se convierte, desde este momento, en la capital tolteca.

Quetzalcóatl decide construir una ciudad verdaderamente grandiosa y para ello importa artistas y artesanos de varios sitios poseedores de un cultura superior a la de los toltecas que, en estas fechas, apenas empezaban a asimilar los restos de la vieja civilización

87

destruida. En los 19 años que reinó, no solamente construyó mucho sino que lo hizo de tal forma que la leyenda debía apoderarse de este tema y con el tiempo atribuir a Quetzalcóatl no sólo todos los edificios de Tula, sino muchos otros en los cuales, seguramente, nada tuvo que ver. Así nos describe Sahagún el templo y la casa de Quetzalcóatl: "Había también un templo que era de su sacerdote llamado Quetzalcóatl, mucho más pulido y precioso que las casas suyas, el cual tenía cuatro aposentos: el uno estaba hacia el oriente y era de oro, llamábanle aposento o casa dorada, porque en lugar del encalado tenía oro en planchas y muy sutilmente enclavado; y el otro aposento estaba hacia el poniente y a éste le llamaban aposento de esmeraldas y de turquesas porque por dentro tenía pedrería fina de toda suerte de piedras, todo puesto y juntado en lugar de encalado, como obra de mosaico, que era de grande admiración; y el otro aposento estaba hacia el mediodía, que llaman sur, el cual era de diversas conchas mariscas y en lugar del encalado tenía plata y las conchas de que estaban llenas las paredes, estaban tan sutilmente puestas que no parecía la juntadura de ellas; y el cuarto aposento estaba hacia el norte y este aposento era de piedra colorada y de jaspes y conchas muy adornado.

"También había otra casa de labor de pluma que por dentro estaba la pluma en vez de encalado y tenía otros cuatro aposentos; y el uno estaba hacia el oriente y éste era de rica pluma amarilla, que estaba en lugar de encalado y estaba de todo género de pluma amarilla muy fina; y el aposento que estaba hacia el poniente, se llamaba aposento de plumajes, el cual tenía en lugar de encalado toda clase de plumas

riquísimas, pluma de una ave que es de azul fino y
estaba toda puesta y pegada en mantas y en redes muy
sutilmente por las paredes de dentro a manera de
tapicería por lo cual le llamaban quetzalcalli, que es
aposento de plumas ricas; y el otro aposento que estaba hacia el sur llamábanle la casa de pluma blanca,
porque toda era de pluma blanca por de dentro, a
manera de penachos y tenía todo género de rica
pluma blanca; y el otro aposento que estaba hacia el
norte le llamaban el aposento de pluma colorada, de
todo género de plumas de aves preciosas por dentro
entapizado. Fuera de estas casas hicieron otras muy
curiosas y de gran valor."

Esta descripción, bastante fantástica, tiene un interés ceremonial y en ella podemos observar algunas de las ideas de la mente indígena: el 4 como número ritual y la relación estrecha que existía entre los puntos cardinales y ciertos colores. El norte y el rojo; el sur y el blanco; el oriente y el amarillo; el poniente y el azul o el verde. Estos dos últimos colores son intercambiables en el arte indígena. En realidad se trata siempre de un color turquesa y por lo tanto de un azul verdoso.

Con el tiempo se iban atribuyendo a Quetzalcóatl, representado como un hombre blanco y barbado, todas las grandes cosas pasadas. Era inmensamente culto y el inventor de todos los beneficios de que disfrutaba el mundo. Dio al hombre el maíz que había robado, en el reino de los muertos, al viejo dios de los infiernos. Era, por tanto, el padre de la agricultura. Inventó el calendario ritual, no sólo la manera de medir el tiempo sino también el arte de adivinar la buena o la mala fortuna de cada uno de acuerdo con el día de su nacimiento; los horóscopos, la escritura y los libros, la astronomía, la medicina y todo el rito ceremonial. Sabemos perfectamente que estos conocimientos venían de mucho más antiguo, pero esas atribuciones —aun falsas— nos demuestran el prestigio absolutamente inigualado que logró este hombre ante la posteridad y por medio de él todo su pueblo. Su época se convierte en el siglo de oro:

"Y más dicen que era muy rico y tenía todo cuanto era menester y necesario de comer y de beber, y que el maíz (bajo su reinado) era abundantísimo, y las calabazas muy grandes, de una braza en redondo y las mazorcas de maíz eran tan grandes que se llevaban abrazadas; y las cañas de bledo eran muy largas y gordas, y que subían por ellas como por árboles; y que sembraban y cogían algodón de todos colores, que son colorado y encarnado y amarillo y morado, blanquecino, verde y azul y prieto y pardo y naranjado y leonado y estos colores de algodón eran naturales, que así nacían, y más dicen que en el dicho pueblo de Tula se criaban muchos y diversos géneros de aves de pluma rica y colores diversos, y otras aves que cantaban dulce y suavemente y más tenía el dicho Quetzalcóatl todas las riquezas del mundo, de oro y plata y piedras verdes y otras cosas preciosas y mucha abundancia de árboles de cacao de diversos colores, y los dichos vasallos del dicho Quetzalcóatl estaban muy ricos y no les faltaba cosa ninguna, ni había hambre ni falta de maíz, ni comían las mazorcas de maíz pequeño sino con ellas calentaban los baños como con leña."

Ya hemos visto que Quetzalcóatl, además de rey de los toltecas, era el sumo sacerdote de su dios homónimo. Esto lo llevó normalmente a querer imponer la religión de su dios sobre la verdadera religión de los habitantes de Tula, o sea, el culto de Tezcatlipoca. El antiguo culto de Quetzalcóatl, desgraciadamente mal conocido, es mucho más amable y mucho más elevado; contiene un sentido de monoteísmo: "adoraban a un solo señor que tenían por dios . . ." Ya veremos 400 años más tarde a otro gran rey exponer, con la misma falta de éxito, esta religión superior.

Quetzalcóatl se oponía a la práctica de los sacrificios humanos: "Les solía decir muchas veces . . . que no quería más que culebras y mariposas que le ofreciesen y diesen en sacrificio."

Pero esta edad de oro, cuyas principales víctimas eran las mariposas, no podía durar y Quetzalcóatl, como los grandes reformadores religiosos, tenía que resultar víctima de su fe. Tras la brillante fachada de la Tula de Quetzalcóatl, viven varias tribus diferentes y no asimiladas a esta religión sino adoradoras del sanguinario y terrible Tezcatlipoca. Sus sacerdotes urden continuamente intrigas contra Quetzalcóatl y su caída final se atribuye a actos de magia causados por su rival, Tezcatlipoca. Un día, por ejemplo, se presenta este último disfrazado de viejo en casa de Quetzalcóatl y pide a los pajes que lo dejen pasar. Éstos se niegan; pero ante la insistencia del visitante, Quetzalcóatl es prevenido y dice: "Éntrese acá y venga que le estoy aguardando muchos días ha". Entrando Tezcatlipoca le enseña al rey un espejo en el que éste se ve y así "le dio su cuerpo", lo que significa que al verse por primera vez en un espejo, se conoce a sí mismo. A continuación, Quetzalcóatl informa al viejo que está muy enfermo y que todo le duele. El viejo saca una medicina y despues de larga insistencia logra que el rey la beba. Resulta que la medicina es pulque, o sea, la bebida embriagadora del México antiguo. Una vez que Quetzalcóatl bebe el primer vaso, pide más al viejo y acaba por emborracharse. Esto era inadmisible en un sumo sacerdote; pero lo peor es que en su embriaguez manda llamar a una sacerdotisa y duerme con ella. Con esto pierde la pureza que era indispensable para un sacerdote.

Esta leyenda, y muchas otras similares, nos hacen ver cómo sus enemigos tratan de derrocar a Quetzalcóatl, no tanto en su calidad de rey como en su calidad de representante de una religión. En realidad, lo que presenciamos en este episodio del fin de Quetzalcóatl es una lucha entre dos grupos religiosos o más probablemente entre un grupo sacerdotal y un grupo militarista, encubierto por los sacerdotes de Tezcatlipoca.

En el momento en que Quetzalcóatl pierde su prestigio como representante del dios, se ve obligado a abdicar como rey ya que, en su caso, ambos aspectos estaban indisolublemente unidos. Lo que no significa que la curiosa dualidad de mando que comprobamos más tarde, no existiera ya en Tula.

En el año 999 Quetzalcóatl sale de Tula. Durante su huida, seguido de unos cuantos fieles, recorre parte de los valles centrales, dejando, entre otras huellas de su paso, flechas con las que atravesaba los árboles dejándolos por tanto transformados en cruces. Se establece durante un poco de tiempo en Cholula y después se dirige hacia la costa, donde se embarca rumbo a Yucatán, la tierra del negro y del rojo. Antes de partir definitivamente, Quetzalcóatl promete regresar algún día, por el este, a recuperar el trono que le corresponde y a reinar en paz sobre sus súbditos. Recordando que las leyendas nos lo describen como un hombre blanco y barbado, las cruces de los árboles y su promesa final, comprendemos por qué quinientos años más tarde, cuando desembarca Cortés en Veracruz, Moctezuma II se convence rápidamente de que se trata de Quetzalcóatl que regresa a reclamar sus legítimos derechos. En estas condiciones, la lucha es inútil puesto que no se puede vencer a un dios.

A esto se añade que, por una casualidad extraordinaria, Cortés desembarca precisamente en el año 1 Ácatl, que es el año en el que Quetzalcóatl prometió volver.

93

Las tradiciones señalan que los toltecas, encabezados por Quetzalcóatl, llegan a Yucatán y, después de vencer a los habitantes locales, se establecen en la península, principalmente en el sitio llamado Chichén Itzá. Indudablemente esto es una simplificación legendaria de hechos que no pudieron ocurrir exactamente así. Probablemente, un grupo tolteca se establece primero en algún sitio de la costa del Golfo, donde permanece en contacto con los mayas el tiempo suficiente para imponerse y mal aprender su idioma. Los conquistados se refieren a los toltecas como "los que hablan mal", es decir, gente que utiliza el maya pero como lo haría un extranjero.

Más tarde emprenden de nuevo la migración que había de conducirlos hasta la conquista de Chichén Itzá. Se trata de un pequeño grupo, pero fuertemente integrado, compuesto por jefes y sacerdotes, que logra imponerse sobre los mayas. El resultado de esta conquista es la nueva ciudad de Chichén Itzá, en donde los elementos arquitectónicos mayas se mezclan, por cierto muy felizmente, con los elementos traídos por los toltecas. Tenemos varios edificios que nos prueban esta unión artística. Los más importantes son el templo de los Guerreros y el Castillo. En los dos sitios se construyen pirámides o basamentos de estilo centro-mexicano, se emplean las columnas de serpientes con la cabeza hacia abajo y la cola formando el dintel, las columnas de guerreros y otros muchos elementos toltecas. Sólo los techos de algunos templos construidos siguiendo el sistema de falsa bóveda que es exclusivamente maya y la decoración sugieren que se trata de operarios mayas dirigidos por arquitectos toltecas.

94

Es una situación parecida a la de las primeras iglesias hispanomexicanas, en donde los misioneros dirigen la obra e imponen su estilo europeo, pero los obreros que la ejecutan materialmente son indígenas y dejan la huella de su labor en innumerables detalles concebidos y ejecutados no a la europea, sino de acuerdo con los cánones del arte indio.

Pero todo esto no explica el parecido entre Tula y Chichén. Éste es demasiado estrecho, hay demasiadas cosas que son idénticas, hasta en las medidas y los detalles, para que pueda deberse al recuerdo que llevaron los toltecas de su antigua capital en el Altiplano. Casi parece como si los mismos arquitectos hubieran dirigido las construcciones en ambas ciudades, sólo que en Chichén aceptaron ideas mayas que encontraron *in situ*.

El dios de este nuevo Chichén Itzá maya-tolteca es el mismo Quetzalcóatl, pero su nombre se traduce al maya como Kukulcán, que quiere decir exactamente lo mismo, o sea, la serpiente de plumas.

Con el tiempo se inicia, lentamente primero y con gran fuerza después, una reacción nacionalista maya; van desapareciendo los elementos y las influencias toltecas hasta que llega un día en que la conquista es olvidada y los elementos traídos del centro de México desaparecen de la península. Así la importancia póstuma de las dos grandes capitales toltecas es enteramente distinta, pues mientras Tula, aun destruida, sigue influyendo fuertemente a los nuevos pueblos que habitan en la región, el predominio tolteca en Chichén Itzá desaparece del todo.

De hecho la gran cultura maya jamás vuelve a desarrollarse y los últimos siglos marcan una continua decadencia hasta que la península, dividida en muchos pequeños estados, es fácil presa de los conquistadores españoles. La civilización maya desaparece del escenario de la historia sin fuego y sin sangre, sin caer como Tenochtitlan envuelta en llamas de gloria.

Los reyes que suceden a Quetzalcóatl en Tula son de poco relieve. Aun su lista presenta problemas cronológicos no bien aclarados. De su historia sólo sobreviven algunas leyendas. Así nos cuenta un cronista indígena que uno de estos reyes, Tecpancaltzin, recibió un día a una doncella muy hermosa que venía con sus padres a traerle un regalo. Éste consistía en miel de maguey o sea pulque, que el rey aceptó con gran gusto o con más gusto todavía a la joven que lo traía. Pidió a los padres que le mandasen otra vez este regalo y que su hija lo trajera. Cuando volvió la doncella, el rey la llenó de dones y "se holgó mucho y trató con ella cómo él había días estaba aficionado de ella, rogándole le cumpliera sus deseos que él le daba su palabra de hacer muchas mercedes a sus padres y a ella misma. Por consiguiente en estas demandas y respuestas estuvieron un buen rato, hasta que la doncella visto que no tenía remedio hubo de hacer lo que el rey le mandaba. Y cumplidos sus deseos la hizo llegar a un lugarcito pequeño fuera de la ciudad poniéndole muchos guardias y envió a decir a sus padres cómo le había dado a ciertas señoras para que la adoctrinaran porque la quería casar con un rey vecino suyo, en recompensa del regalo que le había traído y que no tuvieran pena, que hicieran cuenta que la tenían en su casa, y con esto les hizo muchas mercedes y les dio ciertos pueblos y vasallos para que fueran señores de ellos y sus descendientes. Y sus padres, aunque lo sintieron mucho, disimularon que, como dicen, donde hay fuerza derecho se pierde."

Ésta es una de las pocas historias, con un sentido humano, que conocemos de la serie de los señores de Tula. Tanto esta leyenda como la de la embriaguez de Quetzalcóatl sugieren que el pulque no se inventó sino en esta época.

Durante estos reinados se desarrolla el complejo artístico que la arqueología ha designado como el estilo tolteca.

Aunque los toltecas heredan muchos elementos de culturas más antiguas, producen un arte que inventa muchas cosas nuevas y adquiere una gran personalidad. Como casi todas las artes de Mesoamérica, lo vemos aparecer ya enteramente formado. Salvo vagos antecedentes en el occidente de México, sus orígenes permanecen ocultos en las tinieblas de la historia. Sin embargo representa, evidentemente, el choque y la fusión del nuevo pueblo, los nahuas, con los restos de los herederos de la antigua civilización.

La gran pirámide de Tula, dedicada a una de las advocaciones de Quetzalcóatl, como estrella de la mañana, es un magnífico ejemplo del nuevo estilo. Todo él enaltece no tanto a los dioses, o a los sacerdotes, como a las glorias de los triunfos militares. Entrando al amplio vestíbulo de las 51 columnas cuadradas podía el sacerdote admirar la larga procesión multicolor de guerreros, esculpidos en fila india a lo largo de una banqueta rematada por una franja saliente, decorada con serpientes verdes. A su paso, atizaba tal vez el fuego de los sahumadores y subía la empinada escalera. Ante su vista pasaban uno a uno los cinco cuerpos de la pirámide con sus brillantes bajorrelieves: mascarones de caras humanas saliendo de las fauces de una serpiente adornada con plumas de ave; águilas comiendo corazones o sangre, representada por glifos milenarios; procesiones de tigres y pumas llevando mansamente su collar y su cencerro. Arriba, en el centro de la escalera, se topaba con una escultura del dios reclinado —chac-mol— que sostenía una bandeja destinada tal vez a recibir ofrendas y que en infinitos ejemplares había de ser producida no sólo en los valles centrales sino hasta en el lejano Yucatán. Enfrente, estaba el santuario cuyo techo, coronado de almenas en forma de caracol, era sostenido por las dos grandes columnas de serpientes con las fauces abiertas, reposando en el suelo, y la cola hacia arriba. Pasando entre ellas, se encontraría el sacerdote ante una fila de cuatro inmensas cariátides formadas por guerreros inmutables con las armas en la mano, el gran pectoral de mariposas sobre el pecho, la corona de turquesas y de plumas y el faldellín sostenido atrás por un gran adorno circular. Sus caras, como todas las de Tula, son enteramente vacías, sin expresión alguna, cuadradas y solemnes; sin nada de la belleza eterna de Teotihuacan y también sin el vigor de las representaciones aztecas. Al fondo estaba el templo mismo, encerrado por cuatro columnas cuadradas con bajorrelieves en todas sus caras, representando también guerreros en dos de ellas y haces de flechas en las otras, separando del otro motivo por caras muy estilizadas del monstruo de la tierra y todo ello pintado de vivos colores. Finalmente, al fondo, hallaría el altar: una gran mesa monolítica sostenida por atlantes con trajes de plumas y múltiples collares. Ahí se colocarían las ofrendas y los sacrificios; pero desgraciadamente nada conocemos de la estatua misma del dios, si es que la había.

Al otro lado de la pirámide se halla el coatepantli, o sea una pequeña área encerrada por un muro decorado con serpientes entrelazadas con cráneos y enmarcadas por dos filas de grecas. Arriba las blancas almenas rematan el edificio. Estos coatepantlis −una de tanta innovaciones− habían de reproducirse en todos los templos futuros y mucho más en grande en Tenayuca y en Tenochtitlan.

En las tardes de fiesta, los guerreros podían acudir al juego de pelota, ya muy antiguo, al que habían añadido los toltecas una dificultad más. Mientras que antes tal vez sólo se trata de colocar, sin tocarla ni con las manos ni con los pies, la pelota en un nicho, en ángulos opuestos de la cancha, ahora había que pasarla por un aro de piedra tan estrecho que apenas permitía su paso. La pelota era de hule y aunque el juego tenía un simbolismo religioso, permitía a los contrincantes apostar grandes cantidades y a veces, hasta su propia persona, en tal forma que si perdían debían entregarse como esclavos del vencedor.

Con el paso del tiempo, este pueblo tolteca, todavía tan bárbaro bajo Mixcóatl, se había convertido en el gran representante de la cultura aborigen, lo que unido al prestigio siempre vivo de Quetzalcóatl, hizo que los habitantes posteriores consideraran a los toltecas como al gran grupo civilizador.

A tanto llegó su fama que según las crónicas "eran grandes arquitectos, carpinteros y otras artes mecánicas como plateros; sacaban el oro y la plata y los fundían y labraban piedras preciosas, hacían la mejor

99

cosa de la que hay en el mundo, en su tanto eran nigrománticos, hechiceros, brujos, astrólogos, poetas, filósofos y oradores, de suerte que usaban todas las artes, así buenas como malas; tenían el maíz, algodón, chile, frijoles y las demás semillas que hay en la tierra; y (eran) pintores los mejores de la tierra; y las mujeres grandes hilanderas y tejedoras; tejiendo mantos muy galanos de mil colores y figuras, las que ellos querían y tan finas como las de Castilla; y tejían las mantas de muchas maneras; unas que parecían de terciopelo y otras de paño fino; otras como damasco y raso; otras como lienzo delgado y otras como lienzo grueso; como ellos querían y tenían necesidad ... Sus edificios eran de cal y canto y de piedras de cantería y tesoncli, usaban de pilas y caños de agua para atarjea como nuestros españoles; tenían baños para bañarse y otras muchas cosas que sería muy largo de contar."

El último rey de Tula, Huémac, que quiere decir "mano grande", reinó alrededor de 70 años. Al principio, su reinado fue muy feliz pero con el tiempo empezaron las calamidades. Primero tremendas sequías y hambre, y después invasiones de nómadas, causadas probablemente por la sequía. A esto se añade una crisis interna que tal vez se origina porque los toltecas –llegados a la cima del poder– se dedican sólo a imponer a los pueblos dominados tributos pagaderos con objetos de lujo, como plumas o piedras preciosas, y olvidan las exigencias económicas y sobre todo el cultivo del maíz.

Desde la fundación de la ciudad la población de Tula era mezclada, incluyendo a varios grupos distintos en un continuo estado de efervescencia. Cada uno de esos grupos poseía un dios, extraño a los tol-

100

tecas y frecuentemente enemigo. Bajo el reinado de Huémac los toltecas, desesperados al ver que su propio dios no los escuchaba, llevaron sus oraciones y sus sacrificios a los dioses importados de fuera. Éstos adquirieron entonces un prestigio considerable y bajo su protección aumentó en Tula la importancia de los grupos extranjeros cuyas continuas rivalidades iban a agravar la crisis interior.

Estos acontecimientos históricos nos son relatados también en forma legendaria. Se nos cuenta que uno de los grupos enemigos de Tula envía a uno de sus semidioses llamado Tobeyo disfrazado de modesto vendedor de chile. El joven guerrero, desnudo, como era costumbre de su tribu, se sienta en el mercado a vender su pobre mercancía. El mercado se hallaba situado frente al palacio real, en donde vivía la hija única del rey Huémac, que era bellísima y había sido cortejada sin éxito por todos los jefes toltecas.

"Y la dicha hija del señor Huémac, miró hacia el mercado y vio a Tobeyo desnudo, y el miembro genital, y después de lo haber visto la dicha hija entróse en palacio y antojósele el miembro del joven Tobeyo de que luego comenzó a estar muy mala por el amor de aquello que vio; hinchósele todo el cuerpo y el señor Huémac supo como estuvo muy mala y preguntó a las mujeres que guardaban a la hija: '¿Qué mal tiene mi hija? . . .' Y le respondieron las mujeres: 'Señor, de esta enfermedad fue la causa el indio Tobeyo y está mala de amores.' "

El rey ordenó que se buscara por todas partes al mercader, que había desaparecido. Por fin lo hallaron y lo llevaron ante el rey. Éste le ordenó que curara a su hija. Tobeyo se negaba; pero los sirvientes lo tomaron, lo lavaron, le pintaron el cuerpo, lo vistieron lujosamente y lo llevaron a la recámara de la joven que "luego fue sana y buena; y desta manera el Tobeyo fue yerno del señor Huémac".

Este parentesco enojó tanto a los toltecas que la mayor parte de ellos, muy disgustados del sitio preponderante dado al extranjero Tobeyo, se rebelaron contra Huémac. Evidentemente, en la leyenda Tobeyo representa mágicamente los diversos pueblos extranjeros, sobre todo grupos huastecos establecidos en Tula y cuya influencia siempre creciente obligó a los toltecas a combatirlos.

Estalla una serie de revoluciones que finalmente obligan a Huémac, en 1168, a abandonar su capital. Se refugia en Chapultepec, donde parece haberse suicidado años más tarde, hacia 1174. Con él desaparece el imperio tolteca.

Pero la caída material de la metrópoli y su ruina final en 1224 no son sino una consecuencia de sus convulsiones internas. Debilitada por las revoluciones, abandonada por Huémac, situada como estaba en la frontera del mundo civilizado, caerá entre las manos ávidas de los saqueadores del norte.

Esta situación fronteriza, probablemente escogida por Quetzalcóatl cuándo Tula podía defenderse contra cualquier invasor, se convirtió en otra causa de debilidad hacia el fin de su historia.

Sin embargo, aunque Tula haya perdido su importancia política, siguió conservando un prestigio sin paralelo. Vemos cómo todavía después de la conquista, los Moctezuma habían de obtener el título de condes de Moctezuma de Tula.

Por otro lado su arte sirvió de base a los que la

habían de seguir a tal punto que los aztecas en pleno poder, trataron de llevarse –tal vez a Tenochtitlan– las grandes esculturas toltecas. Intento que no lograron, dejándolas tiradas al pie del derruido monumento.

Pero la importancia más grande de Tula en los destinos de México parece ser que allí se funda el patrón sociopolítico que habrá de continuarse hasta el fin. Tula inaugura esos imperios militaristas, breves y brillantes, cuyo último representante es el estado azteca.

VIII. LOS NUEVOS BÁRBAROS

CON LA caída de Tula, otra gran oleada de pueblos nómadas se dirige como un torbellino hacia el sur, invade las tierras de los pueblos sedentarios y arrasa todo a su paso. Son los cazadores bárbaros que se enfrentan de nuevo a los agricultores civilizados. Tula vencida, no quedaba ningún poder lo bastante fuerte para oponerse a sus incursiones. Conocemos a estos nómadas con el nombre genérico de chichimecas. Esta palabra no indica una tribu específica sino más bien un conjunto de grupos, a veces bastante diferentes, que se alían en ciertos momentos y en otros combaten entre ellos, pero cuyo rasgo común es un seminomadismo.

La palabra chichimeca en náhuatl significa, según se dice, "linaje de perros". No debemos dar a este nombre el sentido infamante que tendría entre nosotros, ya que muy probablemente se refiere a un nombre tribal en que el perro es el tótem de la tribu, como es tan frecuente encontrar en otras varias partes de América y aun, a veces, en el centro y noroeste de México. Con el tiempo el significado de este nombre se amplió hasta incluir no sólo a los chichimecas originales, sino a todos los recién llegados o a los emigrantes que llevaban vida nómada. Por lo tanto, en un sentido general, vino a simbolizar la oposición entre el chichimeca bárbaro y el tolteca culto. Es posible también, como lo ha sugerido Jiménez Moreno, que el nombre chichimeca provenga de una vieja leyenda de origen huichol. Cuentan que la madre de los dioses habló a un leñador anunciándole un diluvio en el que morirían todos los hombres; para salvarse debía encerrarse en un tronco hueco, en la curiosa compañía de una perra. Esto hizo el leñador y como la diosa cerró muy bien el tronco éste flotó hasta que pasó la inundación y salieron el leñador y su perra. Se instalaron en una cueva y él salía diariamente a cortar leña. Como el leñador era el único hombre superviviente le extrañaba muchísimo que, al regresar a la cueva, todos los días encontrara agua del río y tortillas calientes. Presa de curiosidad decidió esconderse y entonces vio que la perra se quitaba la piel y se convertía en una mujer. Mientras iba al río a traer agua, el leñador quemó la piel de la perra. La mujer inmediatamente empezó a gritar sintiendo terribles dolores en la espalda y es que tenía la espalda quemada al igual que la piel de la perra. El leñador le echó el agua con la que se preparaba la masa para las tortillas y con eso se alivió. Después se casaron y sus hijos explican las palabras "linaje de perros". Tal vez sea el recuerdo de esta historia lo que hizo que al aparecer los chichimecas en el valle de Puebla les arrojaran el agua del nixtamal, llamándolos hijos de perros.

A primera vista resulta un poco difícil entender cómo estos cazadores nómadas pudieron reunir la fuerza suficiente para asediar y aun vencer a los grandes imperios establecidos. Pero las ruinas de Chalchihuites y especialmente de La Quemada, así como sitios en Durango, Querétaro y otros indican que estas tribus, aunque fundamentalmente nómadas, no lo eran del todo. Habían construido centros donde probablemente se reunían para las fiestas o para comerciar, que sirvieron de núcleo de atracción a grupos esparcidos. Durante siglos recibieron influencias teotihuacanas y toltecas y muchos rasgos civilizados. La Quemada, en Zacatecas, es una ciudad de extensión considerable rodeada de muchas otras poblaciones que dependían de alguna fuente permanente de abastecimientos. Esta fuente no podía ser sino la agricultura; es decir que en este caso, como en varios otros, se habían formado en el área de los nómadas islotes agrícolas más ricos y poderosos. En otras palabras la frontera de Mesoamérica se extendía más al norte que en el siglo XVI. Estos sitios demuestran la existencia de grupos con una cohesión más o menos permanente y una población bastante mayor de la que jamás hubiera podido tener una simple tribu de cazadores-recolectores. Sin embargo La Quemada, con todo y su tamaño y el evidente esfuerzo que representa, está lejos de llegar a los refinamientos de otras ciudades de su época. Los edificios son de piedra sin tallar y sin empleo de mezcla. Las paredes no están revestidas de estuco y no encontramos ningún rastro de murales o de escultura. Esto es cierto en todos los sitios al norte de Mesoamérica.

Es probable que de

esta ciudad, o de otras similares, salieran los innumerables grupos que en diversos momentos se lanzaron a la conquista de sus vecinos del sur.

Entre todos estos grupos, se mueve uno de mínima importancia y que quizás sólo asistió como espectador, o cuando menos con un papel insignificante, a la ruina del imperio tolteca. Debía, con el tiempo, ilustrarse extraordinariamente; se trata de los mexicas, que aparecen por primera vez en el escenario de la historia.

Los datos más antiguos que poseemos sobre ellos son semi-históricos y semi-legendarios. Se cuenta que  salieron de una cueva situada en una isla llamada Aztlan, de donde, por cierto, deriva su nombre de aztecas, aunque éste era más bien el de "mexicas"; de aquí el mexicano de hoy. Con el tiempo y las grandezas se harán llamar "culhuas" para indicar con ese término su descendencia tolteca, es decir, civilizada.

Eran, por lo pronto, una pequeña tribu dirigida por cuatro jefes-sacerdotes cuyo única posesión de valor era un bulto en el que estaba envuelta la estatua de un dios, hasta entonces desconocido: Huitzilopochtli. Este dios, al triunfar su tribu, se convertiría en el gran dios del Anáhuac. Después de largas emigraciones se habían instalado en los alrededores de Tula, y ahí había tenido lugar un acontecimiento mitológicoastronómico que tanto había de pesar en sus destinos futuros. Cuenta su leyenda que vivía en Tula una señora viuda, de conducta irreprochable, que había tenido una hija y cuatrocientos (es decir, innumerables) hijos. Un día estaba esta piadosa señora barriendo el templo y se encontró una bola de plumas que guardó en su seno. Pasados algunos meses notó que estaba encinta y, un poco más tarde, su hija y sus hijos se dieron cuenta de ello. Indignados ante lo que consideraban como una ligereza de su  madre, decidieron matarla. Armáronse los 400 hijos y marcharon contra la viuda. En ese momento oyó una voz dentro de ella que le decía: "No temas"; y nació un hijo grande y vigoroso, armado de todo a todo, como la Minerva clásica. Llevaba en las manos no sólo el átlatl y el escudo, sino una nueva arma divina de efectos definitivos: la serpiente de fuego, que es el rayo, con la cual cortó la cabeza de su hermana y mató a los innumerables hermanos. Este guerrero prodigioso era nada menos que el dios Huitzilopochtli.

Es curioso comprobar cómo se conservó viva y profundamente creída la historia de este nacimiento y la eficacia infinita de la serpiente de fuego. En 1521, en los últimos días de la defensa de la capital azteca contra Cortés, Cuauhtémoc decide que ha llegado el momento de recurrir al arma suprema. Se implora al dios Huitzilopochtli y se viste a un guerrero joven y valiente con los vestidos de un antiguo emperador conocido como gran general victorioso. Sobre todo se le

109

pone en la mano el arma del dios con la cual podrá vencer a los españoles. Sale a la lucha, pero tras una ligera escaramuza en la que sólo logra tomar prisioneros, tiene que retirarse. El arma divina había fracasado. La conquista era pues inevitable.

Pero volviendo al mito del nacimiento de Huitzilopochtli, la viuda significa la Tierra de donde nacen todas las cosas; la hija es la Luna y los 400 hijos son las estrellas que palidecen y desaparecen totalmente al levantarse el Sol representado por el dios Huitzilopochtli. Siendo éste el dios de los mexicas su identifición con el Sol es de primera importancia, pues los convierte en el "pueblo del Sol", como lo ha dicho brillantemente Alfonso Caso.

Serán por lo tanto, los representantes del Sol en la Tierra y los encargados de mantenerlo con vida. Esta dignidad y esta obligación van a pesar fuertemente sobre su historia y nos explican muchos de sus episodios. Pero dejemos esto para más tarde, ya que por ahora sólo se trata de una tribu de ínfima importancia.

El fin del siglo XII y los primeros años del siglo XIII ven sucederse una serie interminable de pequeñas invasiones chichimecas que sólo son un preludio de la gran invasión de 1224, la de los chichimecas llamados de Xólotl. Éstos parecen proceder de una región cercana al valle del Mezquital. Su jefe, Xólotl, los lanza en una carrera de conquistas que había de acabar, como en todos los casos, por establecer una nueva dinastía y un nuevo imperio sobre las ruinas de los anteriores. En los códices pictóricos, este grupo de Xólotl aparece como un cazador vestido con pieles de venado y habitando cuevas.

110

"Cuando se establecieron nuestros antepasados, nuestros primeros, quienes vinieron a gobernar el país incultivado de las yerbas y los árboles, el pára-

mo; los bienes que traían consigo eran codornices, serpientes, conejos y venados y los comían cuando pasaban a sus años y días en las caminatas. Dieron buen ejemplo los demás porque levantaron y conservaron sus pueblos y su señorío sólo con la ayuda del Ipalnemoani, porque en todo vive el Señor del mundo."

En pocos años parecen haberse apoderado de una gran parte del valle de México y tras algún otro intento establecen su capital en un nuevo sitio llamado Tenayuca. En este lugar levantan una pirámide que sería continuamente ampliada por sus sucesores; resulta muy importante hoy día, pues es el único monumento chichimeca del valle de México que cono-

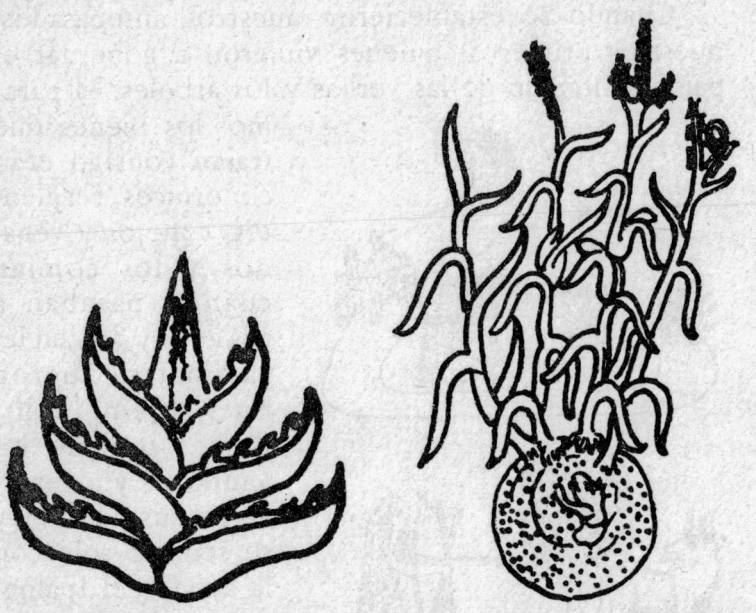

cemos bien. Toma muchos de sus elementos arquitectónicos de templos más antiguos; pero inaugura
cuando menos una nueva idea más económica: el colocar dos templos separados sobre un solo basamento. En sus primeras épocas una enorme escalinata
lleva a los dos santuarios. Más tarde es separada en
dos secciones iguales por una ancha alfarda. En esta
forma cada uno de los templos conserva su independencia y tiene la misma importancia. Uno de ellos
estaba dedicado al representante principal de las civilizaciones antiguas, Tláloc, el dios de la lluvia; el otro
al gran dios tolteca-chichimeca, Tezcatlipoca.

El templo de Tenayuca, hábilmente explorado y en
parte reconstruido hace unos años, resulta una de las
visitas interesantes que hacer en los alrededores de la

112

ciudad de México. Sus numerosas superposiciones están construidas con el mismo sistema: un núcleo de piedra y tierra revestido de pequeñas piedras, recubierto a su vez de una gruesa capa de estuco. Independientemente de la magnitud del edificio mismo, se admiran las espléndidas serpientes y cabezas que lo rodean y que, siguiendo en parte la tradición inaugurada en Tula, forman el "muro de serpientes". Se han encontrado en Tenayuca alrededor de 800 serpientes de formas y tamaños diversos.

Indudablemente que se trata en conjunto de un edificio dedicado al culto solar, especialmente al del sol poniente, el sol moribundo que tanto preocupará al alma indígena. Así este aspecto del culto solar, como el muro de serpientes, como los dos templos colocados sobre la misma base, serán imitados siglos más tarde en Tenochtitlan, sólo que en proporciones mucho mayores. Allí Tláloc seguirá reinando en uno de los templos, pero en el otro encontraremos a Huitzilopochtli en vez de Tezcatlipoca, puesto que se trata del gran templo mexica donde naturalmente su propio dios habrá tomado el sitio principal. Este cambio en realidad es menor de lo que pudiera imaginarse a primera vista ya que Huitzilopochtli no es sino un Tezcatlipoca de cuño más reciente.

Xólotl, con todo y la construcción que empieza de este santuario de Tenayuca, sigue siendo fundamentalmente un nómada y por tanto cambia continuamente de residencia. Las crónicas nos dicen que sus gentes no sembraban, lo que no es exactamente cierto. No sembraban maíz, pero sí algunas otras semillas. Aunque eran fundamentalmente cazadores, completaban el producto de la caza, para entonces

113

bien escasa en el valle de México, con cosechas temporales que no necesariamente implican una permanencia fija en un sitio determinado.

Xólotl es un nuevo Mixcóatl. Nos lo representan las fuentes como otro conquistador siempre victorioso y como el terror de los pueblos que lo rodean. Podrían fácilmente compararse a Gengis Khan; los dos son la avalancha que viene de las estepas y que, como un Atila —a pie— seca todo a su paso. Además, tanto Xólotl como Mixcóatl, son los primeros en usar en la América Media el arco y la flecha, arma mucho más eficaz que el átlatl de los viejos pueblos sedentarios.

Si Xólotl no tiene la fortuna de procrear un hijo tan ilustre como Quetzalcóatl, en cambio se convierte en el origen de un linaje que había de reinar casi sin interrupción hasta la conquista española. Sus descendientes, además de ocupar el trono chichimeca, se mezclarán con todas las familias reinantes; entre ellos se cuenta otra de las figuras más extraordinarias del México antiguo, Nezahualcóyotl, el rey poeta de Tezcoco.

Los restos de los toltecas venían sufriendo persecuciones sin cuento a manos de los nuevos pueblos dominantes. En una forma muy pintoresca, la historia tolteca-chichimeca nos relata la forma en que, civilizando a los chichimecas, lograron una vida más fácil.

"Durante un año los colonos hicieron sufrir mucho a los toltecas, porque querían destruirlos. Por eso los toltecas suplicaron a su dios y amo llorando de tristeza y de tribulaciones y le dijeron: 'Señor nuestro, amo del mundo, por quien todo vive, nuestro Creador y Hacedor, ¿ya no nos brindarás aquí tu protec-

114

ción? Los xochimilcas y los ayapancas nos molestan mucho porque desean destruir nuestro pueblo. Tú sabes bien que no somos muchos. Que no perezcamos a manos de enemigos. Compadécete de nosotros que somos tus vasallos y aleja la guerra. Dios hombrudo, escucha nuestro lamento y llanto. Que no seamos destruidos. Antes bien, que el poderío de nuestros enemigos sea aplastado y que perezca su pueblo y su dominio, su nobleza y su gente.' Y luego él contestó y ellos escucharon una voz que les dijo: 'No estéis tristes ni lloréis. Yo ya lo sé. Ya os digo, Icxicóuatl y Quetzalteuéyac, idos al cerro de Colhuaca, allá están los chichimecas, grandes héroes y conquistadores. Destruirán a vuestros enemigos los xochimilcas y ayapancas. No lloréis. Idos ante los chichimecas e imploradles insistentemente. Observadlo bien. Todo esto os lo mando.' "

Después de seis días de marcha, llegaron al cerro de Culhuacan y encontraron a los chichimecas dentro de la cueva. Tras una serie de ritos mágicos, obtuvieron los embajadores toltecas que salieran los chichimecas junto con su intérprete, necesario, ya que hablaban una lengua distinta. A continuación, dijeron los embajadores: "Escucha, Couatzin (el intérprete), venimos a apartaros de vuestra vida cavernaria y montañesa." Terminada la conversación ambas partes entonan un canto prácticamente ininteligible para nosotros y los chichimecas entienden por fin el fondo del mensaje. Consiste éste en proponerles un acuerdo por medio del cual los toltecas civilizarán a los chichimecas y éstos les ayudarán en la guerra contra sus opresores. "Nos buscan", dicen, "por motivo de su guerra y la vara tostada y el escudo son nuestra suerte y

115

nuestro destino". Terminada la conferencia los embajadores toltecas ennoblecen a los jefes chichimecas, perforándoles el *septum* de la nariz en la forma tradicional con el hueso del águila y del jaguar. Y, como dice la crónica, "aquí terminan los caminos y los días".

Esta extraordinaria transacción en la cual cada parte permuta los productos que posee –los toltecas la civilización, los chichimecas la fuerza armada– produce con el tiempo magníficos resultados. Veremos la fusión de las dos fuerzas, tradición y novedad, producir el imperio mexica. Este proceso que la crónica indígena nos muestra en forma mágica y simplificada, se desarrollará durante los siglos XIII y XIV. Y nos recuerda lo que ya había acontecido con los nonoalcas en Tula. Los chichimecas, rodeados de los viejos pueblos sedentarios que habían conquistado, sin hacerlos desaparecer, absorbieron poco a poco la vieja cultura tolteca. Es el caso típico entre Grecia y Roma.

Esta fusión se acelera con la llegada, bajo el reinado de Tlotzin, nieto de Xólotl, de una serie de emigrantes más cultos portadores de antiguos conocimientos. Los más interesantes son los que las crónicas nombran los "regresados". Probablemente se trate de un pueblo que había vivido en el valle, emigró a la Mixteca, adquiriendo allí la refinadísima cultura de esa gente y después volvió al valle de México, de donde el nombre con que lo conocemos. Posiblemente a estos "regresados" se deba la fina orfebrería mexica descendiente directa del estilo mixteco, así como el arte de pintar los jeroglíficos y los libros históricos que tan desarrollado se encontraba en esa región oaxaqueña. Se dice que estos emigrantes, junto con otros que llegaron en esa época, levantaron las primeras casas

116

de Tezcoco hacia 1327 e introdujeron entre un grupo chichimeca la agricultura, la cerámica y muchos otros adelantos. Debido al aumento que en esta época tiene el nivel de los lagos las chinampas vuelven a ser una importante fuente de productos.

Los cambios causan un cisma ya que una parte de los chichimecas, más reaccionaria que la otra, se negó a aceptar estas novedades y trató de imponerse; pero fue vencida y desde ese momento el grupo más adelantado obtiene el predominio y lleva a la monarquía chichimeca a convertirse, un siglo más tarde, bajo el reinado ilustre de Nezahualcóyotl, en el centro mismo de la cultura indígena, lo que con el tiempo valió a Tezcoco el nombre de la "Atenas americana."

Para llegar a este momento glorioso, la monarquía chichimeca fue —como la España de los Reyes Católicos— una monarquía sin capital fija. Sólo a mediados del siglo XIV se instala definitivamente en Tezcoco, volviéndose sedentaria. Pero antes de proseguir con la historia de estos chichimecas nos es necesario estudiar en somera revista cuando menos algunos de los grupos más importantes que se habían instalado en diversas fechas en el valle de México. Sin ellos serán ininteligibles los acontecimientos ocurridos en los siglos XIII a XVI.

Durante el tiempo de la supremacía chichimeca, en el valle de México, se conserva un último reducto, Culhuacan, donde han venido a refugiarse los toltecas vencidos. Allí reina, durante el siglo XIII y parte del siglo XIV, una dinastía que legítima o ilegítimamente se hace descender de los reyes de Tula y por tanto de Quetzalcóatl. A esto debe su prestigio. Además, aprovecha hábilmente esta situación, ya que había de

117

ser un imperativo que el gobernante tuviera sangre tolteca. Por ello vamos a ver a los jefes de los nuevos grupos que entran en el valle, desear un jefe o una mujer de la casa de Culhuacan. Para los señores de Culhuacan, estas alianzas dinásticas permiten, cuando menos, una sombra de independencia.

Habíamos dejado a los mexicanos en Tula, convirtiendo a su dios en sol; ni por esta transformación divina había de mejorar rápidamente su situación. Así los vemos ir de sitio en sitio hasta que después de 1215 llegan al valle de México, donde siguen cambiando continuamente de residencia. En general son mal recibidos en todas partes y a poco tiempo de instalados expulsados, ya que su conducta resulta insufrible a sus vecinos. Rápidamente adquirieron una fama —bien merecida— de pendencieros, crueles, ladrones de mujeres, falsos a su palabra. Por otro lado, en extremo valientes, "los mexicanos se sostuvieron únicamente mediante la guerra y despreciando la muerte" como dicen los *Anales de Tlaltelolco*.

La "Historia de Tlaltelolco desde los tiempos más remotos" menciona su pobreza y su simplicidad primitivas: "su indumentaria y sus bragueros eran de fibra de pluma, sus sandalias de paja entretejida, asimismo sus arcos, sus morrales". La descripción de los mexicanos en este nivel cultural nos recuerda a los nómadas del norte de Mesoamérica en donde, hasta el siglo XVI, el modo de vida casi no cambió ya que no participaron de la civilización con la que lindaban al sur. El descubrimiento de la cueva de la Candelaria, cerca de Torreón, ha mostrado algunos objetos probablemente similares a los usados por los mexicas en la época de su peregrinación. En efecto, en la Candelaria se conservaron cosas de madera o de tela que la humedad ha destruido en otras partes: sandalias de fibras, arcos o lanzadardos, cuchillos de piedra con mango de madera pintada, redes utilizadas como bolsas, gruesas mantas coloreadas con que se envolvía a los muertos, etc.

Por fin, no sabemos bien cómo, lograron establecerse en Chapultépec donde gracias al valor estratégico del lugar, permanecieron bastantes años, posiblemente hasta una fecha que varía entre 1299 y 1323. El cerro famoso, de gran valor estratégico, donde años después los emperadores mexicanos mandarían grabar sus retratos en la roca viva, donde edificarán una casa los virreyes españoles, donde tendrá lugar la defensa heroica de los Niños Héroes y Maximiliano dejará un espléndido palacio, es hoy –muy justamente– el Museo de Historia Mexicana. Aquí los mexicanos conocieron los primeros años de una tranquilidad relativa.

Para entonces tenían una cultura más avanzada y aun bastante completa. Habían aprendido algo de las técnicas agrícolas, aun de las más avanzadas, como la de las chinampas. En los momentos de crisis volvían a su pobreza original, pero conocían –aunque no pudieran utilizarla– la civilización de sus vecinos. Así sabemos que ya tenían entonces libros pintados, un calendario, fiestas cíclicas, y aun construcciones de piedra, por muy rudimentarias que hayan sido. Pero Huitzilopochtli velaba, y logró hacerlos cada vez más odiosos a sus vecinos hasta que se formó una coalición contra ellos, encabezada por los tepanecas y la gente de Culhuacan. Por traición lograron los aliados que salieran los hombres de su fortificación y mientras tanto cayeron sobre las mujeres y los niños. Con esto desmoralizaron a los mexicanos y los vencieron llevándolos prisioneros. El jefe, Huitzilíhuitl el Viejo, fue sacrificado en Culhuacan y los demás quedaron cautivos de los culhuas. Un poema antiguo narra este episodio:

La margen de la tierra se rompió
funestos presagios se levantaron sobre nosotros
el cielo se dividió sobre nosotros
y sobre nosotros bajó en Chapultépec
aquel por quien todo vive . . .

Se dice con toda razón
que los mexicas no existen más
que en ninguna parte más está la raíz de su cielo;
mas aquel por quien todo vive dice:
"oh, aunque ya no seas grande, no llores".
Él no será privado de sus criaturas.

¿Entonces por qué permanece alejado?
Su corazón llora
porque perecerán sus vasallos.
Por el escudo volteado hacia varios lados
perecimos en Chapultépec.
Yo, el mexicano.
El colhua se cubrió de gloria, el tepaneca se cubrió de
[gloria.
Los mexica fueron llevados como esclavos hacia los cuatro
[puntos cardinales.
El jefe Huitzilíhuitl se deplora
cuando en Culhuacan pusieron en su mano la bandera del
[sacrificio.

Mas los mexica, que escaparon de las manos enemigas
los viejos se fueron al centro del agua . . .
allí donde los tules y la caña se mueven susurrando . . .

Después dice el mexicano Ocelopan:
"Qué felices son los nobles señores Acolnauácatl y Tezo-
[zomoctli,
quienes ganaron este país mediante ejercicios de peniten-
[cia.
Quizá no sea favorable la palabra de los príncipes de
[Azcapotzalco.
Ojalá que el tepanécatl no lleve a vuestros hijos al país
[de los muertos
que no nos sobrevenga enemistad y sangre."

Poco después de la terrible derrota de Chapultépec, Achitómetl, rey de Culhuacan, les da tierras en
Tizapan con la esperanza secreta de que las innumerables serpientes de ese sitio destruyan a los mexicanos, pero irónicamente cuenta la crónica que "los
mexicanos se alegraron grandemente en cuanto vieron las serpientes y las asaron y cocieron todas y se las
comieron". Cuando los emisarios del rey de Culhuacan le contaron esto dijo desolado: "Ved pues cuán
bellacos son: no os ocupéis de ellos ni les habléis."
Con todo y la atracción de tan deliciosos banquetes
los mexicanos no duraron mucho en Tizapan; su dios
velaba y no les permitía establecerse en el lujo, muy
relativo, de un festín de serpientes.
Según la *Crónica mexicáyotl* les dijo Huitzilopochtli:
"Oíd, no estaremos aquí sino más allá donde se hallan
quienes apresaremos y dominaremos; mas no iremos
inútilmente a tratar familiarmente a los culhuacanos,

sino que iniciaremos la guerra; os lo ordeno pues, id a pedirle a Achitómetl su vástago, su hija doncella, su propia hija amada; yo sé y os la daré yo."

Incontinenti fueron los mexicanos a pedir a Achitómetl su hija doncella; rogáronsela diciéndole: "Todos te suplicamos nos concedas, nos des tu collar, tu pluma de quetzal, tu hijita doncella, la princesa noble nieta nuestra que la guardaremos allá en Tizapan." Y al punto dijo Achitómetl: "Está bien, mexicanos, lleváosla pues." En cuanto llegaron a Tizapan dijo Huitzilopochtli: "Matad, desollad, os lo ordeno, a la hija de Achitómetl y cuando la hayáis desollado vestidle el pellejo a algún sacerdote. Luego id a llamar a Achitómetl." Los mexicanos hicieron lo ordenado y Achitómetl, habiendo aceptado la invitación, se presenta con hule, incienso, papel, flores, tabaco y alimentos para ofrecérselos al dios. Coloca su ofrenda a los pies del pretendido dios que se encontraba en un cuarto oscuro, pero al hacer fuego para quemar el incienso se da cuenta de que el dios no es sino un sacerdote vestido con la piel de su hija. "De inmediato, llamó a gritos a sus co-príncipes y a sus vasallos diciéndoles: '¿Quiénes sois vosotros, ¡oh culhuacanos!, que no veis que han desollado a mi hija? No durarán aquí los bellacos, matémoslos, destruyámoslos y perezcan aquí'."

La consecuencia de esta horrible historia es naturalmente otra guerra en la que los mexicanos son expulsados de Tizapan; como nadie quiere aceptarlos se ven obligados a refugiarse en el agua, en los pantanos, a esconderse entre los juncos. Huitzilopochtli, terrible e inmutable, sigue ordenándoles todo lo que han de hacer. La vida casi acuática de esta gente en estos momentos permite a los sacerdotes del dios dar su dictado supremo, el más hábil de cuantos habían pronunciado: la fundación de Tenochtitlan sobre una isla. Insignificante al principio, este acontecimiento debía tener las más grandes repercusiones sobre el futuro de México.

La *Crónica mexicáyotl* en forma poética narra este episodio. Nos cuenta que estando desterrados y sin sitio en el cual colocar el templo de su dios, Huitzilopochtli se les aparece de nuevo y les ordena que sigan buscando hasta encontrar el lugar preciso que, desde el principio de los tiempos, él tiene señalado para la fundación de la capital mexicana. "Dentro del carrizal, se erguiría y lo guardaría él, Huitzilopochtli, y ordenó a los mexicanos. Inmediatamente vieron el ahuehuete, el sauce blanco que se alza allí y la caña y el junco blanco y la rana y el pez blanco y la culebra blanca del agua, y luego vieron había una cueva. En cuanto vieron esto lloraron los ancianos y dijeron: 'De manera que aquí es donde será, puesto que vimos lo que nos dijo y ordenó Huitzilopochtli, el sacerdote'... Luego volvió a decir Huitzilopochtli: 'Oíd que hay algo más que no habéis visto todavía e idos incontinenti a ver el Tenoch en el que veréis se posa alegremente el águila, la cual pone y se asolea allí por lo cual os satisfaréis, ya que es donde germinó el corazón de Copil. Con nuestra flecha y escudo nos veremos con quienes nos rodean, a todos los que conquistaremos, apresaremos, pues ahí estará nuestro poblado, México, el lugar en que grita el águila, se despliega y come, el lugar en que nada el pez, el lugar en que es desgarrada la serpiente y acaecerán muchas cosas'. Y llegados al sitio vieron cuando erguida el

123

águila sobre el nopal come alegremente desgarrando las cosas al comer y así que el águila los vio agachó muy mucho la cabeza, aunque tan sólo de lejos la vieron y su nido todo él de muy variadas plumas preciosas, y vieron, asimismo, esparcidas allí las cabezas de muy variados pájaros. E inmediatamente lloraron por esto los habitantes y dijeron: 'Merecimos, alcanzamos nuestro deseo, puesto que hemos visto y nos hemos maravillado de donde estará nuestra población. Vámonos y reposemos'..."

"Asentaron luego el Tlachzuitetelli y su Tlalmomoztli. Así pues, paupérrima y misérrimamente hicieron la casa de Huitzilopochtli; cuando erigieron el llamado oratorio era todavía pequeño, pues estando en tierra ajena cuando se vinieron a establecer entre los tulares y los carrizales, de dónde habían de tomar piedra o madera, puesto que eran tierras de los tepanecas así como de los tezcocanos encontrándose en el lindero de los culhuacanos, por todo lo cual sufrían muchísimo. Todo esto en el año 2-casa (1325) de que naciera Jesucristo, nuestro Salvador, fue cuando entraron, llegaron y se asentaron dentro del tular y el carrizal, dentro del agua en Tenochtitlan los ancianos mexicanos aztecas."

La fundación de Tenochtitlan resulta no sólo el episodio más característico de toda la historia azteca sino el que mejor nos revela su modo de ser, esa combinación de inteligencia práctica y habilidad política mezclada al fanatismo y al desdén del sufrimiento.

Así es interesante hacer notar, en primer lugar, la selección aparentemente absurda, en realidad extraordinaria, que los sacerdotes hicieron del sitio en que habían de fundar su ciudad. Un pequeño islote,

124

casi un pantano del que sólo sobresalían unas rocas, rodeado de cañaverales, en el lago de Tezcoco. Sitio tan poco atractivo, que ninguno de los innumerables habitantes anteriores lo había ocupado. Los brillantes directores aztecas deben de haber comprendido el valor estratégico y político que representaba este sitio. Tratándose de una isla la defensa era muy fácil, ya que sólo podía atacársela por agua; pero además estaba colocada en los confines de tres reinos por lo que en realidad, siendo de los tres, no era de ninguno. Daba a los nuevos pobladores una posición de relativa independencia y les permitía apoyarse en cualquiera de sus vecinos, en contra de los otros.

En el transcurso del siglo siguiente habían de aprovechar a fondo esta ventajosa posición y los vamos a ver, como mercenarios de Azcapotzalco, atacar a los demás, luego aliarse con Tezcoco para vencer a los tepanecas y así sucesivamente, hasta colocarse por encima de todos, conservando siempre su ciudad libre de ataques enemigos. Desgraciadamente no nos es posible saber hasta qué punto los jefes-sacerdotes que hablan a través de la boca del dios se dan cuenta de todas estas ventajas; pero es evidente, a través de toda la historia de la peregrinación que, aunque sea confusamente, buscaban un sitio similar, una "tierra prometida" y que estaban decididos, por todos los medios, a llevar a su pueblo a la hegemonía de los valles.

Con el tiempo, la isla había de presentar otra gran ventaja; ésta de tipo comercial. El sistema de transporte que prevalecía en el México antiguo era tan primitivo que solamente el hombre podía utilizarse como animal de carga. Como la rueda no pasó de ser

125

un juguete, no había vehículo alguno de tracción. En estas condiciones el transporte de mercancías, sobre todo cuando se trataba de alimentar una ciudad grande, se convertía en un problema prácticamente insoluble. En cambio una sola canoa, con poco esfuerzo, podía hacer el trabajo de muchos hombres durante varios días. Este factor constituye seguramente una de las causas del desarrollo extraordinario que pronto había de alcanzar Tenochtitlan. Otra vez el lago parece dictar los destinos mexicanos.

Otra de sus armas era la austeridad y el fanatismo. No permitiendo durante siglos que la población se quedara nunca permanentemente en parte alguna, obligándola continuamente a moverse, impedían así la acumulación de riquezas, el aprovechamiento de tierras cultivadas, o la formación de costumbres de ocio y de lujo. Los hombres aztecas estaban eternamente preparados para la guerra o para el sacrificio, justamente porque tenían tan poco que perder, porque su vida estaba lejos de ser agradable. La pobreza misma del sitio escogido los obligaba a tratar continuamente de arrebatar a sus vecinos más ricos todas las cosas que ellos no tenían o, si no podían hacerlo por la fuerza, a trabajar sin descanso para obtenerlas por comercio; así vemos, por ejemplo, que a poco de fundada su ciudad se dedican a reunir una gran cantidad de peces, camarones, anfibios y otros productos de la laguna para permutarlos por madera o piedra para construir el templo de su dios, aun antes que sus propias casas. Trabajo, austeridad, fanatismo.

Ya es tiempo de preguntarnos quién es ese Huitzilopochtli que a través de siglos guía a su pueblo convirtiéndolo en un "pueblo elegido". En las crónicas siempre aparece como el dios supremo cuya voz es escuchada con temor y reverencia por los sacerdotes. Evidentemente se trata de un pequeño, muy pequeño grupo –tal vez no más de cuatro personas– de sacerdotes-directores que usando del artificio de la voz divina guían a su pueblo y forman el destino de los mexicas. Lo interesante del caso es que desde el principio de su historia se tiene la impresión muy clara de que seguían un verdadero programa preestablecido, programa que se desarrollará a través de siglos; de una concepción de gobierno brutal pero genial que, seguida al pie de la letra por esta pequeña, indomable élite, llevará a su pueblo a través de miles de peligros, privaciones y sacrificios, hasta obtener el triunfo final, el imperio. El pueblo es empujado sin consideración a su cansancio o a su hambre, con todo y las mujeres y los hijos que se mueren, contra todo, hacia el destino que esta élite le ha prometido. Claro que es imposible pensar en que los mismos dirigentes pudieran haber establecido y seguido este plan, casi diabólico, a través de tanto tiempo. Pero los primeros formaron el "tipo" que fue seguido por sus descendientes hasta el fin. Huitzilopochtli habla sin descanso, en todas las ocasiones importantes, como el más cruel pero también como el más hábil de los políticos. Nunca se cansa, nunca se detiene, nada le basta. Durante quince generaciones su voz temible abruma al pueblo de trágicos consejos de violencia sin un minuto de reposo.

El triunfo –mucho más tarde– ha de significar para Huitzilopochtli, como para todos los pueblos que triunfan brutalmente, el principio del fin. Al momento del apogeo mexica ya no oímos su voz poderosa repercutir a través de las crónicas. Ya el pequeño grupo de jefes se ha convertido en una vasta aristocracia que no puede tener ni la fuerza ni la coherencia originales. El imperio y la riqueza habrán de desgastar la voluntad inquebrantable de los primeros tiempos.

El momento culminante de la historia de estos sacerdotes geniales y terribles, el momento en que mejor vemos trabajar su brillante inteligencia, es justamente éste de la fundación de su ciudad.

Sabían que para un pueblo como ellos, sólo este sitio de Tenochtitlan, despreciado por todos los demás, les daba la posibilidad de llegar al fin de sus ambiciones, de convertirse en un gran poder. Empiezan por comprender que sólo si son forzados, querrán los mexicas vivir en esa isleta pantanosa. Tal vez por ello los obligan a representar el drama que había de costar la vida a la hija de Achitómetl de Culhuacan. Entonces ya no es cuestión de escoger; ya no queda sino el lago, eterno centro de los destinos del México antiguo. Pero no bastaba la compulsión física; era necesaria la compulsión moral. Entonces resulta que al establecerse en el lago se cumplen las profecías ya que en el lago descubren muy a su satisfacción la famosa águila, sobre el tunal, sobre la piedra, comiéndose a la serpiente, en el sitio mismo donde había sido arrojado el corazón de Copil.

Una vez asentados los mexicanos en su isla y construido el primer templo de su dios, que no fue sino un pobre edificio que desaparecerá en el esplendor futuro, comprenden que no es posible ir demasiado aprisa. Aún no son siquiera dueños del islote en que se han refugiado. Aprovechando sus cualidades principales, el valor y la habilidad guerrera, se convierten en mercenarios del poder más cercano a ellos constituido en este tiempo por los tepanecas que reinan en Azcapotzalco. Éstos les imponen, además de la obligación de ayudarlos en la guerra, una serie de tributos, a veces excesivos, a cambio de su protección. Son por tanto en parte mercenarios y en parte tributarios de los tepanecas. Éstos, para molestarlos, les pedían como tributo cosas imposibles; por ejemplo debían de llevarles patos de la laguna que pusieran huevos en el momento de ser entregados.

En 1367, siempre en provecho de Azcapotzalco, destruyen Culhuacan, el último centro de alguna importancia donde todavía, como una verdadera supervivencia histórica, reinaban gentes que se consideraban toltecas. Este evento tiene una importancia futura, ya que abría la "sucesión tolteca" que años más tarde los mexicanos reivindicarán en su provecho. En 1371 la otra fracción mexicana, los tlatelolcas, toman Tenayuca que conquistan también para provecho de Azcapotzalco y a expensas de los señores chichimecas de Tezcoco.

Cinco años más tarde, se consideran lo bastante importantes para tener un rey, como lo han hecho ya los de Tlatelolco. Entonces, con su gran habilidad política, no lo piden a la casa reinante de Azcapotzalco, la aparentemente más fuerte, sino que eligen a un descendiente del desposeído rey de Culhuacan. Este primer señor de los mexicanos se llamaba Acamapichtli. Esta selección a primera vista insignificante, iba a darles un cierto derecho a reivindicar a su favor la sucesión tolteca, puesto que se considerarían de aquí en adelante como los legítimos herederos de los viejos reyes. Había de germinar esta idea y este vago

129

derecho en forma tan fructífera, que cien años más tarde los mexicanos serían dueños no sólo de casi todo el imperio tolteca sino aun de tierras mucho más extendidas, pretendiendo ser los reivindicadores de una herencia ancestral.

Pero esta gloria futura todavía está en la mente de los dioses. Por lo pronto Acamapichtli, dominado por Azcapotzalco, se lanza en una larguísima guerra contra la gente del valle de Morelos, guerra que no debía terminar sino muchos años después de su muerte y cuyos episodios relataremos más tarde.

Ya hemos hablado mucho de los tepanecas de Azcapotzalco. Es necesario regresar un poco atrás para ocuparnos de este grupo que va a llenar el escenario político del valle hasta la segunda década del siglo XV. Esta gente, originaria del valle de Toluca, había conservado en grado bastante alto la civilización tolteca ya que esa región no parece haber sido invadida en el siglo de confusión que sucede a la caída de Tula. Una vez en el valle, establecen su capital en el sitio que había servido de epílogo a la civilización teotihuacana: Azcapotzalco, hoy día un barrio al noroeste de la ciudad de México. Este acontecimiento sucede hacia 1230. Durante poco más de un siglo Azcapotzalco progresa lentamente bajo una serie de reyes oscuros. Pero hacia 1363 ocupa el trono un hombre extraordinario, Tezozómoc, bajo cuyo reinado, que dura hasta 1426, Azcapotzalco se convierte en la ciudad más importante del valle.

El largo reinado de Tezozómoc está marcado por una serie interminable de guerras. Ya vimos que, utilizando como mercenarios a los mexicanos, conquista

Culhuacan. Esta victoria abre a la ambición tepaneca todo el sur del valle y la posibilidad futura de pasar a los llanos de Morelos. Vimos también cómo conquistaron Tenayuca, la hasta poco antes capital de los señores chichimecas. Esta nueva conquista despierta su apetito hacia la posibilidad de englobar finalmente todo el antiguo imperio de Xólotl. En efecto, con momentos de tregua y otros de guerra, Tezozómoc no abandona un instante su empresa hasta lograr mucho más tarde el triunfo total.

Pero para lograr sus fines necesita consolidar su posición en la región del sur del valle de México, absorbiendo un grupo considerable de señoríos independientes de los que no nos hemos ocupado aquí para no hacer aún más confusa esta historia, pero que daban a los valles centrales durante el siglo XIII y la mayor parte del XIV un carácter feudal a base de muchos pequeños señoríos en continuas luchas, alianzas y rupturas. Esta situación recuerda la de Italia en época similar, donde vemos el mismo juego eterno y vano de ligas más movedizas que la arena, de estériles batallas y de efímeras victorias.

Habiéndose apoderado de todo el centro del valle entre Culhuacan y Tenayuca, podía Tezozómoc proseguir tanto hacia el norte como hacia el sur. En esta dirección ya hemos visto que lanza sus mercenarios como punta de flecha sobre la región de Morelos. Al norte quedaban, aislados y listos para ser vencidos, por un lado Xaltocan y por otro el poderío chichimeca. Xaltocan cae hacia 1400 y entonces ya sólo falta llevar a su fin la conquista de Tezcoco y de su imperio.

Este imperio había sido dividido en señoríos, lo

que facilitó la empresa. Así los vemos caer uno a uno. Cuando Ixtlilxóchitl sube al trono de Tezcoco, probablemente en 1409, la situación ya es angustiosa y su reinado de nueve años se pasa en continuas alertas y falsas promesas de paz de parte de Tezozómoc.

El problema se plantea desde los primeros días del reinado. En 1410 Ixtlilxóchitl convoca a la ceremonia de su jura como soberano chichimeca. A ella no asisten, según su historiador y descendiente del mismo nombre, sino dos señores. Los demás se excusan pretextando la defensa de las fronteras. Pero la ausencia más ominosa a esta ceremonia es la de Tezozómoc, el viejo tirano, que no sólo se niega a asistir sino pretende competir en la sucesión ya que ambos reyes eran descendientes de Xólotl. Manda a Ixtlilxóchitl una embajada portadora del supremo insulto: una carga de algodón en bruto para que le sea devuelta en mantas tejidas. Esto indica, según la costumbre indígena, que considera a Ixtlilxóchitl como una débil mujer que sólo es capaz de hilar algodón. El problema es crucial para Ixtlilxóchitl. Si devuelve el algodón con palabras injuriosas manteniendo así su dignidad, esto significa de inmediato la guerra contra Tezozómoc. Ixtlilxóchitl no tiene ejércitos ni armas preparadas. Entonces se somete, para ganar tiempo. Manda reclutar soldados, fabricar armas y concentrar en el centro mismo de su país todas las fuerzas, hasta entonces dispersas en sus posesiones lejanas.

Así al principio las pretensiones del rey tepaneca no parecen tener éxito, e Ixtlilxóchitl toma el poder muy a pesar de su rival. Se casa con una hermana de Chimalpopoca de México, por cierto nieta de Tezozómoc, y empieza a reinar.

132

En 1414 Ixtlilxóchitl ve claramente que la situación se vuelve cada vez más desesperada. Decide en ese año hacer jurar a su hijo, Nezahualcóyotl, como su heredero. Con ello piensa obtener dos ventajas: salvar, si no su reino, cuando menos el derecho futuro de su dinastía, y además saber cuáles señores le son aún leales. Era difícil definir esto sin una ceremonia que claramente deslindara los campos, ya que Tezozómoc no sólo emplea la guerra, sino la astucia, la traición, las alianzas y aun la corrupción para allegarse amistades en el campo opuesto.

Ixtlilxóchitl da cita a todos los jefes cerca de Huexotla en una gran llanura donde ha mandado construir un trono. Llegado el día se desarrolla la pomposa ceremonia conforme a los viejos ritos toltecas: pero en presencia de muy pocas personas importantes, pues la mayor parte ha preferido no asistir por temor a Tezozómoc.

El lamentable resultado de esta junta inicia la agonía del trono de Ixtlilxóchitl. Éste, con un nuevo ejército, logra empezar otra campaña, al principio victoriosa ya que invade terrenos de Azcapotzalco y aun dice su cronista (muy favorable a él y por tanto difícil de aceptar íntegramente) que Tezozómoc perdido, pidió la paz. Ixtlilxóchitl la acepta, considera la guerra terminada y manda disolver su ejército. El hecho es que en 1418 las tropas de Tezozómoc están a las puertas de Tezcoco: muchos de sus antiguos enemigos se han pasado a su campo e Ixtlilxóchitl se encuentra casi solo.

Acompañado de su hijo Nezahualcóyotl, y rodeado de sus últimos fieles, se hizo fuerte en un bosque donde, viéndose perdido, se retiró a una barranca profunda. Bajo un gran árbol caído pasó la noche en compañía de su hijo y de dos capitanes. Al salir el sol, al día siguiente, llegó un soldado a decirle que lo habían descubierto y que a gran prisa venía gente armada para matarlo. Entonces pidió a los soldados que lo dejaran solo, llamó a su hijo y le dijo: "Hijo mío muy amado, brazo de león, Nezahualcóyotl, ¿adónde te tengo de llevar que haya algún deudo o pariente que te salga a recibir? Aquí ha de ser el último día de mis desdichas y me es fuerza el partir de esta vida; lo que te encargo y ruego es que no desampares a tus súbditos y vasallos, ni eches en olvido de que eres chichimeca, recobrando tu imperio que tan injustamente Tezozómoc te tiraniza y vengues la muerte de tu afligido padre; y que has de ejercitar el arco y las flechas. Sólo resta que te escondas entre estas arboledas porque no con tu muerte inocente se acabe en ti el imperio tan antiguo de tus pasados."

Después de tan tierna escena el pequeño príncipe se esconde y entre las ramas ve cómo los enemigos matan a su padre. Una vez idos, recoge el cuerpo y ayudado por algunos amigos adereza el cadáver y lo quema. Ixtlilxóchitl fue el primer emperador chichimeca quemado según los ritos y ceremonias toltecas en vez de ser enterrado en una cueva como sus antepasados.

Con la muerte de Ixtlilxóchitl comienza el "gobierno en exilio" de la dinastía chichimeca representada por el joven Nezahualcóyotl, "el coyote hambriento", legítimo heredero del imperio. Este muchacho, de juventud tan azarosa, había de convertirse en la figura más ilustre de su siglo. Por lo pronto tiene que refugiarse de un sitio a otro, perseguido implacablemente por el odio de Tezozómoc que deseaba verlo desaparecer ya que era el único rival legítimo que quedaba. Poco después se establece en Tlaxcala y a veces en la corte de su tío Chimalpopoca.

Nos relatan las crónicas innumerables episodios más o menos verídicos, de las aventuras que ocurrieron a Nezahualcóyotl durante su exilio. Los peligros no le impidieron, como dice su descendiente, irse "por diversas partes de las tierras no dejando reino, ciudades, provincias, pueblos y lugares que no entrase en ellos para conocer los designios y voluntades de los señores de estas partes. En unas le recibían con mucho regocijo; en otras muy secretamente, avisándole que se guardase de sus enemigos. A veces disfrazado entraba y oía lo que se decía de él, averiguando por tanto la opinión de los señores y las órdenes de Tezozómoc". Tanto preocupaba su vida al tirano que hasta dicen que lo soñó dos veces. "La una hecho águila real, que le daba grandes rasguños sobre su cabeza y que parecía que le sacaba las entrañas y el corazón y que le despedazaba los pies."

En medio de aventuras sin cuento, escapando siempre de la ira de Tezozómoc, protegido a veces por su astucia y otras por los muchos parientes importantes que tenía, el joven Nezahualcóyotl ve pasar con amargura los años del exilio; pero mientras él tiene la juventud que le permite esperar, su rival, el viejo Tezozómoc, está cada vez más enfermo no de enfermedad sino de años "y era tan viejo, según parece en las historias y los viejos principales me lo han declarado, que lo traían como a una criatura entre plumas y pieles amorosas metido y siempre lo sacaban al sol para calentarlo y de noche dormía entre dos

135

braseros de fuego grandes que jamás se apartaba de la calor porque le faltaba la calor natural". Como era de esperarse en estas circunstancias, por fin muere el tirano en 1426, y un aire de independencia sopla entonces en el valle.

El largo reinado de Tezozómoc, 63 años, tuvo una importancia mucho más grande que la simple consolidación de la supremacía tepaneca. Tezozómoc fue el primero que, desde los días ya lejanos de la caída de Tula, logró unir bajo su dominio directo o indirecto, por medio de su "quíntuple alianza", todo el valle de México, gran parte de los otros valles circundantes, y aun terrenos mucho más lejanos ya que sus tropas llegaron hasta la región de Taxco. Esto marcó el fin de los innumerables pequeños señoríos que se habían dividido esas tierras como una consecuencia de la dispersión de los toltecas. A los tepanecas, en cierto modo, cabe el honor de haber puesto fin a esta situación. Al reunir esos feudos semi-independientes, preparan la unificación mayor que harán los mexicas.

Pero Tezozómoc gobernaba un grupo que no era realmente local, ya que hablaba el matlatzinca, en vez del náhuatl, y cuyas raíces por tanto no pudieron ser tan hondas. Ésta era la debilidad profunda de su imperio, oculta durante su brillante reinado, pero que a su muerte debía aparecer muy claramente.

La extraordinaria inteligencia de Tezozómoc, ayudada por su perfidia y su falta total de escrúpulos, fue completada por la fortuna de una larguísima vida que le permitió llevar a cabo su obra. Logró así prestigio incomparable. Pero su obra, como todas las obras de violencia, no podía perdurar.

No sólo utilizó la guerra como arma de expansión,

sino una tortuosa política de alianzas y traiciones que le había de valer el apoderarse de un número de sitios que no había podido vencer con su fuerza militar, o cuya conquista lo hubiese obligado a una serie de campañas. Apoyó su proceder con una sistemática serie de alianzas dinásticas. Con el tiempo había casado a muchos de sus hijos y nietos con los herederos de casi todos los señoríos del valle de México. A través de su dispersa familia intervino en los asuntos de todas las ciudades y se convirtió en el señor indiscutido de la región.

Desgraciadamente tenemos pocos datos sobre este personaje, que sería muy interesante conocer más a fondo. Aparece y desaparece fugazmente en las crónicas; pero lo poco que sabemos de su personalidad nos hace pensar que, mucho mejor que César Borgia, habría servido como modelo para *El príncipe* de Maquiavelo.

Dejó en la mente de sus sucesores políticos una nueva fórmula del arte de gobernar, fórmula admirablemente adaptada a las calidades de los mexicanos que como dice Jiménez Moreno "aprendieron en la escuela de Tezozómoc de Azcapotzalco". Los vamos a ver pronto aplicar brillantemente esos principios de realismo brutal. Pero antes necesitamos regresar un poco hacia atrás para estudiar lo que durante los años del esplendor tepaneca aconteció en Tenochtitlan.

A la muerte de Acamapichtli, el primer señor, sube al trono su hijo, Huitzilíhuitl, que, siempre por cuenta de Tezozómoc, guerrea victoriosamente contra varios pueblos del valle y sobre todo continúa la lucha contra la gente del valle de Morelos, capitaneada ésta por el señor de Cuernavaca.

Entre las pausas de la lucha, nos cuenta la *Crónica mexicáyotl* cómo Huitzilíhuitl se enamora de la hija del señor de Cuernavaca: "Su corazón fue solamente a Cuernavaca por lo cual inmediatamente envió a sus padres a pedirla por esposa."

Pero el padre de la joven era un brujo: "Llamaba a todas las arañas así como al ciempiés, la serpiente, el murciélago y el alacrán, ordenándoles a todos que guardasen a su hija doncella, que era bien ilustre para que nadie entrase donde ella ni bellaco alguno la deshonrara; estaba encerrada y muy guardada hallándose toda clase de fieras por todas puertas del palacio; a causa de esto había muy gran temor y nadie se acercaba al palacio. A esta princesa la solicitaban los reyes de todos los poblados porque querían casarla con sus hijos; pero su padre no aceptaba ninguna petición."

En cuanto oyó el de Cuernavaca que el señor de México solicitaba a su hija, dijo a los enviados: "¿Qué es lo que dice? ¿Qué podrá él darle? Lo que se da en el agua, de modo que, tal como él se viste con ropa de lino acuático, así la vestirá. ¿Y de alimentos qué le dará? ¿O acaso es aquel sitio como éste donde hay de todo, viandas y frutas muy dilectas, el imprescindible algodón y las vestiduras? Idos a decir todo esto a vuestro rey antes que volváis aquí." Muy afligido se hallaba Huitzilíhuitl al saber que había sido rechazada su petición cuando en sueños se le apareció el dios Tezcatlipoca y le dijo: "No te aflijas, que vengo a decirte lo que habrás de hacer para que puedas tener a la doncella. Haz una lanza y una redecilla con las cuales irás a casa del señor de Cuernavaca donde está enclaustrada su hija. Haz también una caña muy hermosa; ésta adórnala cuidadosamante y píntala bien plantándole además en el centro una piedra muy preciosa, de muy bellas luces. Irás a dar allá por sus linderos donde flecharás todo e irá a caer la caña en cuyo interior está la piedra preciosa allá donde está enclaustrada la hija del rey de Cuernavaca y entonces la tendremos." El enamorado hizo exactamente lo que el dios le había indicado y cuando cayó la caña la doncella la vio bajar del cielo, la tomó, la rompió por el medio y vio dentro la piedra preciosa. Quiso, muy femeninamente, asegurarse de que era buena la piedra, mordiéndola; pero se la tragó y ya no pudo sacarla, con lo cual se halló embarazada. Siendo el señor de México la causa del embarazo su padre se la dio por esposa.

Al leer cuidadosamente la crónica, nos damos cuenta de que esta página de amor es bastante menos romántica de lo que parece a primera vista; en realidad, así como la joven demuestra su interés al morder la piedra para ver si era fina, el móvil verdadero del señor de México era menos la pasión que el deseo de obtener la rica producción de algodón de la región de Morelos y desquitarse justamente de lo que le reprochaba su futuro suegro, o sea de andar vestido de ropa tejida con plantas acuáticas. A partir de estas fechas se podía adquirir ropa de algodón en el mercado de Tlatelolco.

A la muerte de Huitzilíhuitl en 1417, lo hereda Chimalpopoca, nieto, por su madre, de Tezozómoc de Azcapotzalco.

Este parentesco fue muy provechoso a los mexicanos, ya que el abuelo de su nuevo rey les exigía cada vez menos tributos. Probablemente se deba al parentesco de Chimalpopoca con Tezozómoc el que haya sido elegido al rango supremo, pues apenas tenía doce años cuando subió al trono. Los diez años de su reinado fueron poco importantes en los anales mexicanos. En 1426 muere cargado de años y de gloria el viejo Tezozómoc y estalla entre dos de sus hijos una guerra, pues ambos pretendían ser sus herederos.

Chimalpopoca comete el peor error que pueda hacer un gobernante: apoya al hermano que pierde la batalla. El vencedor, Maxtla, manda matar a la mayor parte de los que, partidarios de su hermano, han conspirado contra él. Chimalpopoca fue encarcelado y parece que ahí se le ahorcó a los 22 años de edad.

Con la muerte de Tezozómoc y el fin poco glorioso de su nieto Chimalpopoca, llegamos al momento más importante de la historia mexicana, cuando se inicia una nueva etapa que lleva a Tenochtitlan a la hegemonía sobre los valles centrales.

IX. LOS MEXICAS

En 1427 los mexicas eligen un nuevo rey, Itzcóatl, que era hijo de Acamapichtli, el primer rey mexicano, y de una esclava. Éste es el único caso en el que subió al trono un hombre que no tuviera por madre una mujer de sangre tolteca; la elección se debió seguramente a las cualidades del candidato, cuyo genio militar y cuya habilidad política debían, en los trece años de su reinado, transformar el destino de su pueblo.

Con motivo de la querella entre los hijos de Tezozómoc, los diferentes "gobiernos en exilio", causados por las conquistas de aquél, comprendieron que era el momento de volver a sus diferentes países y de liberarse del yugo de Azcapotzalco. Entonces se forma una alianza entre los mexicanos y varios otros grupos. De éstos, con mucho el más importante es el que representaba a la antigua dinastía chichimeca que había reinado sobre Tezcoco hasta la derrota de Ixtlilxóchitl, que ya hemos relatado. Los aliados obtienen la neutralidad de algunas de las ciudades tepanecas y después de una guerra, en extremo difícil, Azcapotzalco mismo fue tomado en 1428. Esto no marca el fin de la contienda ya que Maxtla se refugió en Coyoacan y en sitios más lejanos, hasta que por fin es derrotado definitivamente en 1433. Entonces, Nezahualcóyotl puede regresar a Tezcoco e inicia el largo reinado que no había de terminar sino con su muerte en 1472.

Los despojos de los tepanecas vencidos y su vasto imperio se reparten entre los tres vencedores principales: México, Tezcoco y Tacuba como cabeza de las ciudades tepanecas que apoyaron a la alianza.

En 1434 se forma la triple alianza compuesta por esas tres ciudades que deciden unirse para siempre, conquistar en común y repartirse el botín de acuerdo con un porcentaje especificado. Durante el reinado de Nezahualcóyotl y debido a su prestigio personal, la alianza funciona mal que bien; pero a su muerte los señores mexicanos se convierten cada vez más, ya no en miembros de una alianza sino en jefes de ella. En realidad, a la hora de la conquista española, dos de los antiguos aliados estaban a punto de convertirse en sujetos del tercero.

Con el motivo de este nuevo estado de cosas en el valle de México, las tres potencias aliadas se distribuyen los títulos y los grados: Itzcóatl de Tenochtitlan se adjudica el título más ilustre de todos: *culhuatecuhtli*, o sea el señor de los culhuas. A primera vista puede extrañar este nombre; pero recordemos que Culhuacan, o sea la capital de los culhuas, era el sitio donde se había conservado viva la dinastía tolteca. Por lo tanto, al adoptar este título, Itzcóatl se hace llamar señor de los toltecas y cierra en su favor la larga "guerra de la sucesión tolteca". Esto indica inmediatamente que México se considera, desde este momento, la legítima representante de la vieja cultura y la heredera, en todos los sentidos, de la gloria tolteca. Es por ello que los caciques del río Grijalva, al hablar de México por primera vez ante Cortés, lo llaman Culhua, cosa que muy naturalmente no pudieron entender los españoles y, como dice Bernal Díaz,

142

"como no sabíamos qué cosa era México ni Colhua mal pronunciado, dejábamoslo pasar por alto".

Una vez pasada la guerra tepaneca y consolidado el poder de México, Itzcóatl se lanza en nuevas campañas para establecer su poder sobre ciudades que Tenochtitlan había conquistado antes, pero por cuenta de Azcapotzalco. Así empieza la expansión fuera de los valles centrales que tan lejos había de llevarlos. •

En 1440, a la muerte de Itzcóatl, sube al trono otro gran gobernante, Moctezuma I, su sobrino, que había de reinar hasta 1469. Con este nuevo rey se consolida interiormente la posición de Tenochtitlan y es, desde. este momento, cuando se constituye realmente el imperio mexicano.

Inmediatamente empieza la guerra de conquistas que, en diferentes regiones, había de continuarse durante todo su reinado, llevándolo a Oaxaca y a la costa del golfo de México. La conquista de los totonacos, habitantes de esta última región, se debe en parte a uno de esos episodios característicos de la historia de Tenochtitlan en donde se mezclan la codicia, el patriotismo, la religión y una falta total del sentido de la gratitud. En efecto, entre 1450 y 1454, una gran sequía inusitadamente prolongada lleva a los mexicanos a una terrible hambre. Según cuenta una de las fuentes, hasta las bestias salieron de los montes para atacar a los hombres y en los caminos los muertos eran devorados por los buitres. Para salvarse de esta catástrofe los mexicanos recurren a dos procedimientos; por un lado obtienen maíz prestado de los totonacas y, por el otro, inician una era de sacrificios humanos en proporciones hasta entonces desconocidas para implorar el favor de los dioses. Pasada la crisis —me temo

143

que más bien debido al maíz totonaco que a la sangre derramada–, Moctezuma I comprende que las ricas tierras de la costa son su mejor garantía contra un nuevo periodo de hambre y entonces, con su ingratitud proverbial, se desparraman las tropas mexicanas sobre la región costera; tras de ataques, tan feroces como inesperados, conquistan toda el área, obteniendo así, en forma permanente, el granero más importante del México antiguo y en donde todavía hoy se encierra gran parte de su futuro.

Los triunfos continuos y tan extensos de Moctezuma I, y el terror que logró imponer entre todos, nos indican que practicaba una estrategia cuya violencia era hasta entonces desconocida. Como un verdadero alud caen las tropas mexicanas sobre los pueblos, vencen la resistencia desorganizada por lo inesperado del ataque, capturan al jefe si ello es posible, suben al templo y lo incendian. Ésta es la señal de la victoria y ya no queda sino repartirse el botín, las mujeres y los prisioneros, establecer un gobierno sumiso a Tenochtitlan, fijar el tributo, y marcharse hacia una nueva conquista.

Entre las batallas y los gritos de guerra hay un pequeño episodio que nos recuerda la victoria de Alejandro sobre los persas. Allá por 1461 las tropas mexicanas conquistan un importante señorío –Coixtlahuaca– en las montañas de Oaxaca y tras de una gran batalla vencen y matan a su señor. Se traen a México a la viuda del vencido, de quien inmediatamente se enamora Moctezuma. Era una mujer joven y de gran belleza; como la mujer de Darío, prefiere dignamente seguir siendo prisionera que casarse con el vencedor de su marido.

La época de Moctezuma I tiene felizmente aspectos menos trágicos, ya que al mismo tiempo que gran conquistador es un gran constructor. Trae a un grupo de arquitectos de Chalco que tenían gran fama. Con ellos inicia la transformación de su capital, que de una pobre ciudad de lodo va a convertir en una metrópoli de piedra. No sólo se interesa en arquitectura, sino que durante su reinado se inicia un gran estilo de escultura que ha dejado algunos de los monumentos más interesantes del arte azteca.

Entre otras cosas, mandó grabar su retrato en la roca de Chapultépec, ejemplo que habían de seguir sus sucesores formando así una interesantísima galería de reyes mexicanos que desgraciadamente el tiempo no ha respetado y de la que sólo quedan algunos restos informes.

Moctezuma, como todo buen azteca, es también un amante de las plantas y de las flores. En un rico valle de la región de Morelos manda construir un verdadero jardín botánico en el que colecciona las plantas de todos los diversos climas y las flores más raras y bellas que pudo procurarse. Sus sucesores también se habían de interesar en la botánica y el magnífico jardín no desaparece sino hasta fines del siglo XVI; todavía en la región muestran una huerta a la que llaman "el jardín de Moctezuma".

Con la instauración del imperio, la construcción de la ciudad y el establecimiento del patrón religioso, resulta muy claro que Moctezuma I es el verdadero forjador del imperio azteca. No inventa prácticamente nada; pero recoge en favor de su pueblo, por fin llegado al poder, la herencia milenaria de todos los que lo habían precedido.

145

Huitzilopochtli asociado al origen mismo de este pueblo no era en realidad sino un pequeño dios tribal, un aspecto del dios Tezcatlipoca, hasta que el triunfo de su pueblo lo eleva a la categoría de un dios creador. Entonces se convierte en el sol mismo, que es el dador de la luz, del calor, de los días y de todas las cosas necesarias para la vida; pero el sol, como todo ser creado por la pareja divina, necesita alimentarse, ya que debe luchar diariamente contra sus enemigos: los tigres de la noche, representados por la luna y las estrellas. Recordemos que esto es exactamente lo que tuvo que hacer el pequeño Huitzilopochtli al nacer plenamente armado; pero el sol, desgraciadamente para los vecinos del pueblo azteca, sólo se alimenta con el más preciado de todos los manjares: con el néctar de los dioses, o sea, la sangre humana. Entonces, para tenerlo permanentemente en vida y darle fuerzas en su lucha diurna es indispensable sacrificar a los hombres. Los aztecas se sienten obligados por su historia misma a ser sus guardianes, así como sus sustentadores; en otras palabras, a ellos les toca proveer al sol de sangre humana. Éste es, por lo tanto, el excelente motivo de indiscutible altura moral con que ellos mismos pretenden absolverse de todas las guerras y de todas las muertes; pero para sus vecinos, ¡qué tragedia el vivir junto al pueblo elegido!

En algunas regiones indígenas de México queda un recuerdo lejano de esta idea según la cual el hombre tiene como misión defender al sol. Recuerdo hace unos años, estando en un pueblo cerca de Acapulco, hubo un eclipse parcial de sol. Inmediatamente salió la población, hombres, mujeres y niños, armados de cuanto objeto es capaz de producir sonido: instrumentos musicales, cajas vacías, tablas, láminas viejas, etc. El objeto era hacer tanto ruido que los tigres que estaban devorando al sol se asustaran con el escándalo y se fueran. Felicitémonos que ahora el ruido solo es capaz de llenar el cometido que antes tenían los corazones humanos.

Aun con todos estos datos, nos resulta muy difícil entender lo que podríamos llamar la gloria o el deseo del sacrificio. Por ejemplo hasta qué punto el que iba a ser sacrificado estaba conforme con su destino. Por un lado sabía que iba a morir: pero por otro se iba a asimilar al dios, a convertirse prácticamente en esencia divina. Tenemos una serie de datos contradictorios sobre este asunto. Guerreros ilustres que han sido hechos prisioneros y a los que se ofrece la vida por considerarlos muy valiosos no aceptan y son sacrificados por su propio deseo. También en algunos grupos, como los tarascos, los prisioneros que lograban escapar habían defraudado a los dioses, que ya contaban con esa sangre. Pero también se nos habla de cárceles en las que se guardaba a los prisioneros hasta el día del sacrificio y aun de que eran amarrados para que no escaparan. Aunque la opinión pública los criticara y sus propias gentes no desearan verlos volver, es evidente que muchos prisioneros tenían la reacción normal de salvar su piel aun corriendo el riesgo de que el dios pasara un poco de hambre.

Evidentemente es absurdo suponer, como lo han dicho muchos historiadores, que el móvil de la guerra era simplemente un móvil religioso. La guerra, como en todas partes, pretendía obtener ventajas materiales, conquistas, botín, tributos y una continua extensión de linderos. Los mexicanos no son los iniciadores

147

ni los responsables del "estado de guerra casi permanente" en el que vivieron. Hemos visto cómo la guerra se había convertido, desde los tiempos ya bien antiguos de Mixcóatl y creo que desde tiempos olmecas, en un rasgo cultural siempre presente. La guerra es un factor social, un estado de cosas. La vemos menos clara en ciertos momentos, como durante la época teotihúacana, pero esa serie de imperios efímeros y de señores feudales eternamente insurrectos, demuestran una situación político-social en la que la guerra es "necesaria"; situación que los aztecas han heredado, como desgraciadamente ha sucedido en otras épocas y otros lugares a través de la historia humana.

Lo que los mexicanos parecen llevar más lejos que otros es el sentido religioso de la guerra, especialmente en una de las más curiosas instituciones de que se tenga noticia entre pueblo alguno: la guerra florida. No sabemos cuándo se inicia realmente esta costumbre, pero por 1375 ya existía entre los tepanecas, de quienes probablemente la heredaron los mexicas. Consiste en que dos Estados se ponen de acuerdo para celebrar, en un sitio determinado y en una fecha fija, una gran batalla cuyo único objeto es tomar prisioneros vivos. Cualquiera de las dos partes que gane no obtendrá de la otra territorios, ni saqueará a su pueblo, sino simplemente se llevará a los prisioneros hechos para sacrificarlos. No eran por tanto interesantes sino vivos, ya que los muertos en la batalla no representaban utilidad alguna. De acuerdo con el número de prisioneros que hubiera hecho un soldado, subía de grado en el ejército y obtenía autorización para ostentar ciertas insignias. Esta idea debía, en las guerras de la conquista, salvar la vida de muchos españoles ya que los indígenas deseaban tenerlos vivos lo que frecuentemente permitía a los prisioneros escapar. El mismo Cortés, caído y rodeado de enemigos, logró salvarse porque, en vez de matarlo, trataron de llevarlo vivo.

Bajo Moctezuma I, probablemente con motivo de la necesidad cada vez mayor de víctimas, se instituye dicha costumbre entre Tenochtitlan y algunas de las ciudades del valle de Puebla. En esta forma no había que ir demasiado lejos para encontrar prisioneros; pero lo evidente tenía que suceder, o sea que poco a poco, los mexicanos no se conformaron con la simple guerra florida, sino que empezaron a conquistar en serie grandes secciones de la región de Puebla, hasta que al fin la república de Tlaxcala quedó trágicamente rodeada.

Mientras tanto Nezahualcóyotl sigue reinando sobre Tezcoco. Tuvo la fortuna de vivir muchos años, durante los cuales se convierte en el monarca más célebre de su siglo. Aparte de sus múltiples victorias militares y del ensanchamiento continuo de su reino, logra hacer de su capital el cerebro de su época. Es un gran constructor. Desgraciadamente las vicisitudes por las que pasa Tezcoco después de su muerte, han hecho desaparecer totalmente los inmensos palacios que mandó construir y los templos de sus dioses. Sólo queda como recuerdo material de esta época una piscina o más bien un estanque, parte de un sistema de riego situado muy adecuadamente desde donde, entre árboles y flores, se domina el paisaje del valle y de los lagos. Pero la gloria principal de Nezahualcóyotl no radica en sus edificios sino en su influencia sobre las letras, las leyes y la religión. Poeta él mismo, reúne en su corte a un grupo selecto de aficionados a la poesía y al teatro y gran parte de la literatura indígena que nos queda proviene de la escuela de Tezcoco o está fuertemente influida por ella.

Su prestigio como legislador es tan poderoso que otras ciudades copiaron sus leyes; ahora nos parecen terribles, ya que la pena capital se aplicaba a casi todos los delitos, algunos de los cuales son de menor importancia a nuestro parecer. A través de esas ordenanzas se asoma un poco de la mentalidad indígena y de su concepto del bien y del mal. Muchas de las leyes están basadas en necesidades prácticas; pero otras emanan de puntos de vista morales. Indican una rigidez extraordinaria, un verdadero puritanismo donde, por ejemplo, todo pecado sexual, así como la embriaguez, se castigan con la muerte. A veces se trata de respetar tabús o ideas mágicas, como en el horrible caso del hermafrodita de Tlaxcala.

Nezahualcóyotl mismo aplica tan rigurosamente sus leyes que en un caso condena a muerte a su propio hijo por adulterio. Todo ello no quiere decir que las costumbres del pueblo fueran tan rígidas, y bajo el reinado de su hijo pierden algo de su dureza.

. Nezahualcóyotl, influido tal vez por las viejas historias de Quetzalcóatl que corrían en todas las bocas, construye una religión mucho más elevada y mucho más pura. Cree en un dios supremo, simple espíritu sin cuerpo, del que no pueden hacerse estatuas y que no desea sacrificios humanos. Esta religión filosófica y abstracta, en la que no hay templos ni ceremonias, no es seguida por la masa que no se divierte con ella y se conserva sólo entre una pequeña élite de sacerdotes.

Con la muerte de Nezahualcóyotl empieza la decadencia de Tezcoco. Lo sucede en el trono su hijo Nezahualpilli, el "príncipe hambriento", quien es una figura curiosísima, enteramente decadente y profundamente civilizada.

En 1469 sube al trono Axayácatl, también descendiente de Acamapichtli, y como todos los demás reyes mexicanos se lanza en una serie de nuevas conquistas, que extienden cada vez más la superficie del imperio.

Un episodio importante del gobierno de este Señor lo constituye la conquista de la ciudad rival Tlatelolco. Aquí, desde tiempo antiguo se había formado una ciudad-estado que durante más de un siglo se consideró aliada de Tenochtitlan. Aunque cada vez más dominada por ésta, conservaba, cuando menos, una apariencia de autonomía. Por motivos de tipo político y aun por razones personales, Axayácatl decide terminar la independencia de Tlatelolco. El rey de este lugar se había casado, indudablemente por conveniencias diplomáticas, con una hermana del señor de México, "la pequeña piedra preciosa", a quien "le hedían grandemente los dientes, por lo cual jamás se holgaba con ella el rey de Tlatelolco". "Su marido no la estimaba en nada por ser endeble, de feo rostro, delgaducha y sin carnes y la despojaba de cuanta manta de algodón le enviaba Axayácatl, dándoselas todas a sus mancebas. Sufría mucho la princesa, se la obligaba a dormir en un rincón junto a la pared, en el sitio del metate y tan sólo tenía para sí una manta burda y andrajosa... su marido la alojaba en casa aparte de sus mancebas, en ningún sitio se le daba valía alguna y precisamente nunca quería el rey dormir con la princesa 'pequeña piedra preciosa' y dormía solamente con sus mancebas [que eran] hembras muy garridas."

No tardó en llegar a oídos de Axayácatl la triste historia de su hermana y tomando como pretexto el insulto personal decidió llevar a cabo lo que la ambición le dictaba: la conquista de Tlatelolco. La lucha fue difícil, ya que hasta las mujeres defendieron valerosamente su ciudad. Pero por fin debió sucumbir ante el ímpetu azteca, cuyos soldados subieron al gran templo y desde esa altura arrojaron al rey de Tlatelolco, con lo que terminó la guerra en 1473.

Tlatelolco tenía relaciones estrechas con la gente del valle de Toluca; tal vez por esto, a su caída, Axayácatl se dedica a la conquista de todas la ciudades de esa región. En varias de ellas quedan ruinas interesantes; pero con mucho, las más notables son las del templo monolítico de Malinalco. Con un plan de trabajo que debe de haber sido preparado muy cuidadosamente de antemano, se fue recortando la piedra blanda hasta formar una gran cámara circular, con sus escaleras de acceso y esculturas. La puerta representa la cara de una enorme serpiente con la boca abierta a cuyos lados se tallaron dos esculturas. De un lado una serpiente con escamas en forma de puntas de flecha, que sirve de pedestal a una figura humana de la que desgraciadamente sólo quedan los pies y que muy posiblemente representara a un caballero-águila. Al otro lado un caballero-jaguar, también incompleto, está de pie sobre un tambor forrado de piel de jaguar. Pasada la puerta se encuentra uno en un cuarto circular rodeado de una banca. En ésta se representó la piel de un jaguar con la cabeza, la cola y las garras de este animal; a sus lados, y también sobre la banca, dos pieles de águila de admirable factura y otra, en el centro, completan la decoración. El techo cónico debe de haber sido de paja. Todos los elementos de este edificio indican que se trata de un lugar donde se efectuaban ceremonias de las dos órdenes militares llamadas caballeros-jaguares y caballeros-águilas. Por lo que sabemos de estas órdenes, sólo podían pertenecer a ellas los guerreros más ilustres a quienes se confería, como un honor muy especial, uno u otro de estos dos títulos. Curiosamente, como las órdenes de caballeros medievales, combinaban el espíritu militar con obligaciones religiosas que en el caso de los mexicas, consistían principalmente en rendir culto al sol. De aquí podemos deducir que el templo de Malinalco estaba dedicado principalmente a este astro.

Independientemente del despliegue de habilidad que indica, ya que el menor error era irreparable, estéticamente las esculturas de animales pueden colocarse entre los ejemplares más bellos del arte azteca. Tienen ese estilo realista muy esquematizado, donde unos cuantos rasgos indican, mejor que la más precisa de las copias, las características del objeto esculpido.

En una de las cámaras laterales se conserva un fragmento de fresco que representa una fila de guerreros caminando. Además de su interés iconográfico, es una de las rarísimas pinturas murales de esta época en existencia; del valle de México no se conserva casi ninguna.

Como resultado de las conquistas en el valle de Toluca, los mexicanos se convirtieron en colindantes del gran reino tarasco. Hacia 1480 se inició la inevita-

153

ble guerra entre los dos poderes militares más importantes del momento; por primera vez la técnica de los mexicanos no dio el resultado acostumbrado y sus ejércitos fueron derrotados. A partir de entonces se estableció entre los dos reinos rivales una curiosa situación de "guerra fría" y los dividió una "cortina de piedra", ya que ambos bandos construyeron a lo largo de la frontera una serie de puntos fortificados con carácter más bien defensivo que ofensivo. Los mexicanos trataron de rodear al enemigo conquistando toda la región de Guerrero para poder atacar a los tarascos también por el sur; pero esta estrategia tampoco les sirvió pues jamás lograron atravesar el río Balsas.

Esta situación de jaque continuo duró hasta que la conquista española vino a alterar el equilibrio de las fuerzas. Tal vez se debiera al hecho de que al ímpetu de los soldados aztecas, los tarascos oponían armas superiores, ya que frecuentemente eran de cobre.

La exploración de algunas de estas fortalezas, en realidad apenas iniciada, ha permitido sin embargo conocer bastante del arte militar de la época. Están construidas en cerros de difícil acceso y rodeadas de uno o varios círculos de murallas y a veces de fosos. Eran defendidas por pequeñas guarniciones de soldados, pero no formaban verdaderas poblaciones permanentes; conservaban, pues, un carácter estrictamente militar.

El gobierno de Axayácatl, aparte de las guerras mencionadas, se caracteriza por una serie de otras con las cuales el terror que infundían los soldados aztecas creció de día en día. Ya, en ese momento, está bien implantado el odio que inspira el imperialismo azteca;

odio cuyas consecuencias han de ser de primera importancia a la llegada de Cortés.

Por otro lado, Axayácatl sigue la tradición de Moctezuma I; se hace construir un gran palacio, y continúa las obras magnas del templo mayor. De su época parece ser la gran escultura generalmente conocida con el nombre de *calendario azteca*, y que es en realidad una piedra votiva en honor del sol. Este monumento, de una rara perfección y de importante simbolismo, conservado hoy día en el Museo Nacional de Antropología de México, inicia la época de la escultura monumental azteca, la cual continuará durante los reinados siguientes.

El sucesor de Axayácatl, Tízoc, reina sólo de 1481 a 1486 y según parece murió envenenado. Aun en tan corto plazo logró bastantes nuevas conquistas inmortalizadas en un monumento magnífico: la piedra de Tízoc. Es un gran cilindro de basalto alrededor del cual están representadas las victorias del emperador. Éste lleva las insignias y los atavíos de Huitzilopochtli ya que, como gran sacerdote del dios, se vestía como él. Después de su muerte lo sucede su hermano, Ahuízotl, tan terrible y brutal conquistador que su nombre ha llegado hasta nuestros días como símbolo de algo temido o que de continuo nos persigue o molesta.

Al año de reinar, en 1487, se termina la construcción del gran templo. Ahuízotl decide inaugurar la obra con solemnidades hasta entonces nunca soñadas. Para ello emprende una verdadera cacería de prisioneros y se dice que logró sacrificar 80 mil hombres, con lo que indudablemente el sol debió adquirir nuevas fuerzas. Parece altamente exagerado el número de

víctimas que se señala; pero cualquiera que haya sido la cantidad de sacrificados, dejó un recuerdo imborrable en las memorias indígenas.

El terror de los ejércitos o el recuerdo de los sacrificios convenció a todos los pueblos aún no sometidos, del poder de los mexicanos. Éstos emprendieron otra campaña hacia el sur con la que no sólo completaron sus conquistas en Oaxaca y en el istmo, sino que llegaron hasta la frontera actual de Guatemala, cayendo en sus manos toda la región del Soconusco.

La muerte de este gran conquistador no estuvo a la altura de sus hazañas. En 1502 se rompió un dique, lo que produjo una inundación en México; al querer escapar Ahuízotl se golpeó en un dintel y, como Car-

156

los VIII de Francia, cuatro años antes, murió a consecuencia de ello.

Con su muerte termina la serie de grandes jefes militares que habían reinado en Tenochtitlan desde Moctezuma I y cuyas conquistas habían hecho de la pequeña ciudad construida sobre una isla del lago, la capital de un vasto imperio.

La organización de los ejércitos cada día más importantes; la dirección del imperio con todos sus problemas políticos y económicos; y aun la constitución de una vida urbana, desaparecida desde hacía varios siglos, hubo de transformar profundamente la estructura del pueblo azteca. Ya la pequeña horda nómada y despreciada, se ha convertido en el grupo dirigente y dominador de pueblos tan diversos como numerosos. El viejo sistema tribal no podía continuar; la sociedad se divide en clases, y hay nobles, plebeyos y esclavos. Asimismo hay mercaderes, sacerdotes, obreros especializados en numerosas técnicas manuales y toda una burocracia. Este cambio radical se nota también en la persona misma del jefe que se convierte cada vez más en autócrata y que, bajo Moctezuma II, se va a trasformar en una especie de dios. Como a los césares

157

romanos, el poder se les había subido a la cabeza y la antigua organización era cada día más un despotismo de tipo oriental.

En 1502, cuando Moctezuma II fue elegido emperador, tenía la reputación de un capitán valeroso que hábilmente había sabido dirigir los ejércitos; pero sobre todo la de un sacerdote profundamente conocedor de la religión; una especie de místico sencillo y humilde. Rápidamente cambió toda esta situación para convertirse en un déspota rodeado de todo un ceremonial cortesano muy complicado. Nadie podía verlo, sino debía presentarse ante él con los ojos bajos; no se lo podía tocar. Los pocos que tenían derecho a visitarlo debían entrar descalzos haciendo una serie de genuflexiones, llamándolo Señor, Mi Señor, Mi gran Señor.

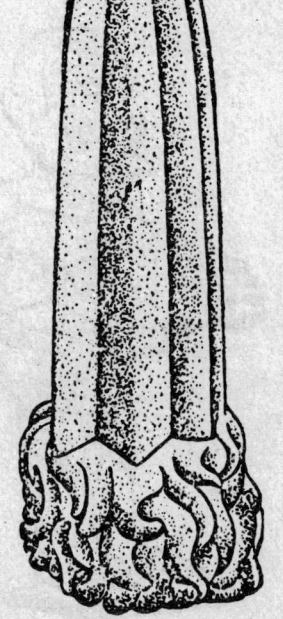

Los primeros 17 años de su reinado pasan en continuas guerras y en la sofocación de rebeliones de algunos pueblos que, desesperados por la opresión, se levantan en armas esperando vanamente evitar el tributo que se les había impuesto. Pero Moctezuma II tiene poca participación personal y más bien vive en la ciudad, dedicado a los placeres y a los deberes religiosos.

Era un hombre inteligente y refinado aunque profundamente supersticioso y toda su vida estuvo basada en sus creencias. En 1519 estalla, como un grito espantoso, la terrible noticia: Quetzalcóatl ha regresado. Desde el primer momento Moctezuma sabe que su reino se ha acabado, que las profecías se han cumplido, que la lucha contra un dios es imposible. Entonces sigue el único camino abierto, la única forma de oponerse a un dios: obtener la ayuda de los otros dioses y tratar de convencer a Quetzalcóatl de que se regrese.

Por un lado envía a Cortés las insignias del dios: el penacho de plumas, la máscara de oro, y los numerosos regalos con que espera convencerlo. Éstos lo convencen; pero precisamente de lo opuesto a lo que deseaba Moctezuma, o sea, de seguir su marcha, engolosinado por el oro.

Por otro lado, reúne Moctezuma a los sacerdotes y a los brujos que tras largas discusiones, deciden llevar contra Cortés toda una campaña mágica que lo inmovilizará. Como era de esperarse, una tras otra fracasan las tretas. Los embrujos son infructuosos y sin hacer caso de la desesperación de Moctezuma, Cortés se presenta un día ante las puertas de México.

Moctezuma, por última vez, representa su papel de rey y sale a recibir al conquistador: "Ya que llegábamos cerca de México a donde estaban otras torrecillas, se apeó el gran Montezuma de las andas y traíanle de brazo aquellos grandes caciques, debajo de un palio muy riquísimo a maravilla, y el color de plumas verdes con grandes labores de oro, con mucha argentería y perlas y piedras chalchius, que colgaban de unas como bordaduras, que hubo mucho que mirar en ello. Y el gran Montezuma venía muy ricamente ataviado según su usanza y traía calzados unos como cotaras, que así se dice lo que se calzan; las suelas de oro y muy preciada pedrería por encima en ellas, y los cuatro señores que le traían del brazo venían con rica manera de vestidos a su usanza, que parece ser se los tenían aparejados en el camino para entrar con su Señor, que no traían los vestidos con los que nos fueron a recibir, y venían, sin aquellos cuatro señores, otros cuatro grandes caciques que traían el palio sobre sus cabezas, y otros muchos señores que venían delante del gran Montezuma, barriendo el suelo por donde había de pisar, y le ponían mantas porque no pisase la tierra. Todos estos señores ni por pensamiento le miraban en la cara, sino los ojos bajos y con mucho acato, excepto aquellos cuatro deudos y sobrinos suyos que lo llevaban del brazo. Y como Cortés vio y entendió y le dijeron que venía el gran Montezuma se

apeó del caballo y desde que llegó cerca de Montezuma, a una se hicieron grandes acatos. El Montezuma le dio el bienvenido y nuestro Cortés le respondió con doña Marina que él fuese el muy bien estado; y paréceme que Cortés, con la lengua doña Marina, que iba junto a Cortés, le daba la mano derecha y Montezuma no la quiso y se la dio a Cortés. Y entonces sacó Cortés un collar que traía muy a mano de unas piedras de vidrio, que ya he dicho que se dicen margaritas, que tienen dentro de sí muchas labores y diversidad de colores y venía ensartado en unos cordones de oro con almizcle porque diesen buen olor, y se le echó al cuello al gran Montezuma y cuando se le puso le iba a abrazar y aquellos grandes señores que iban con Montezuma le tuvieron el brazo a Cortés que no le abrazase, porque lo tenían por menosprecio."

ILUSTRACIONES EN EL TEXTO

33. Figurillas arcaicas casi sin cuerpo. La cabeza se une a los miembros. Dibujo de E. Abdalá.

34. Figurilla tipo B. Dib. de A. Mendoza.

35. Figurilla de mujer encinta. Los Reyes, Méx. Dibujo de E. Abdalá.

36. Figurilla tipo E hacia el fin del formativo. Dibujo de E. Abdalá.

38. Figurilla de Chupícuaro, muy parecida a las del tipo H 4 del Valle de México. Dibujo de A. Mendoza.

39. Figura grande del Tipo D. Dibujo de A. Mendoza.

42. Mujer de Tlatilco. Dibujo de A. Mendoza.

43. Otra mujer de Tlatilco. Dibujo de A. Mendoza.

59. Pintura del Templo de la Agricultura según nueva copia de A. Villagra.

60. Figura de los frescos de Tetitla, Teotihuacan. Dibujo de A. Villagra.

61. Tigre entre mallas. Teotihuacan. Dibujo de A. Villagra.

62. Pintura que representa un templo. Tetitla, Teotihuacan. Dibujo de A. Villagra.

63. Almena de Teotihuacan.

64. Representación de un templo almenado en el *Códice Vindobonensis*. Dibujo de A. Villagra.

65. Cabezas de figurillas teotihuacanas. Dibujo de E. Abdalá.

66. Figura sedente teotihuacana. La cabeza es movible. Dibujo de A. Mendoza.

67. Izquierda: Cabeza realista en barro; derecha: figura en piedra de Mezcala. Dibujos de A. Mendoza.

68. Figura en piedra de estilo teotihuacanoide. Mezcala. Dibujo de A. Mendoza.

69. Mascarilla de oro con cascabeles. Es notable por su mandíbula móvil. Procede de la Chinantla. Dibujo de A. Mendoza.

85. El dios Ehécatl, una de las advocaciones de Quetzalcóatl, en forma de atlante. Dibujo de A. Mendoza.

89. Relieve del cerro de La Malinche en Tula. Representa a Quetzalcóatl en el estilo tolteca, con su cifra Ce Ácatl. Reconstrucción de A. Villagra.

107. La isla de Aztlan. Dibujo de A. Villagra.

108. Los cargadores de Huitzilopochtli durante la peregrinación. El primero lleva a la espalda el bulto del dios. *Códice Sigüenza*. Dibujo de A. Villagra.

109. Huitzilopochtli lleva en la mano la famosa serpiente de fuego. *Códice Borbónico*. Dibujo de A. Villagra.

111. Arriba: Escenas de la vida chichimeca: cueva y cacería de venado. *Códice Quinatzin*.
   Abajo: Xólotl según el *Códice Xólotl*. Dibujos de A. Villagra.

112. Plantas cultivadas. *Códice Tlotzin*. Dibujos de A. Villagra.

156. El emperador Tízoc, vestido de Huitzilopochtli toma a un prisionero. Detalle de la piedra de Tízoc. Dibujo de A. Mendoza.

157. Escultura azteca en piedra. Colección Covarrubias. Dibujo de A. Mendoza.

158. Magnífica escultura esqueyomorfa. Cultura azteca. Museo Nacional de Antropología. Dibujo de A. Mendoza.

159. Escultura azteca que representa a Tláloc. Dibujo de A. Mendoza.

160. Mono de piedra. Escultura azteca. Dibujo de A. Mendoza.

161. Detalle de una vasija calada. El mono simboliza la alegría. Figura muy apropiada para terminar. Dibujo de A. Mendoza.

ÍNDICE

Este libro se terminó de imprimir y encuadernar
en el mes de julio de 1992 en los talleres de En-
cuadernación Progreso, S. A. de C. V., Calz. de
San Lorenzo, 202; 09830 México, D. F. Se tiraron
3 000 ejemplares.

Diseño y fotografía de la portada:
Rafael López Castro